《MOZI》
JUFA
YANJIU

本书为 2017 年教育部人文社会科学研究一般项目
"《墨子》句法研究"（批准号 17YJA740029）的成果
"平顶山学院伏牛山文化圈研究中心"学术成果

《墨子》句法研究

刘春萍 著

郑州大学出版社

郑州

图书在版编目(CIP)数据

《墨子》句法研究/刘春萍著. —郑州:郑州大学出版社,2020.6
ISBN 978-7-5645-7020-0

Ⅰ.①墨⋯　Ⅱ.①刘⋯　Ⅲ.①《墨子》–句法–研究
Ⅳ.①B224.5

中国版本图书馆 CIP 数据核字（2020）第 090353 号

郑州大学出版社出版发行

郑州市大学路 40 号　　　　　　　邮政编码:450052
出版人:孙保营　　　　　　　　　发行电话:0371-66966070
全国新华书店经销
河南大美印刷有限公司印制
开本:787 mm×1 092 mm　1/16
印张:12.25
字数:268 千字
版次:2020 年 6 月第 1 版　　　　印次:2020 年 6 月第 1 次印刷

书号:ISBN 978-7-5645-7020-0　　　定价:56.00 元
本书如有印装质量问题,由本社负责调换

目录

第一章 绪 论

第一节 墨子和《墨子》

一、墨子生平简介

墨子,名翟。墨子是墨家学派的创始者,是我国古代著名的思想家。墨学兴盛于战国时代,春秋战国时期,儒墨同为"显学"。如《吕氏春秋·当染》:"孔墨皆死久矣,从属弥众,弟子弥丰,充满天下。"《韩非子·显学》云:"世之显学,儒墨也。"秦汉以来,墨学逐渐衰落。

关于墨子生平,史书如《史记》《汉书》等均记录甚少。关于墨子生卒年,学界看法不一。比较有代表性的观点是,梁启超认为墨子生于周定王元年至十年之间,卒于周安王十二年至二十年之间,即西纪前 468 至 459—西纪前 390 至 382。① 孙诒让认为墨子生于周定王之初年,卒于安王之季。即约前 468—前 376。② 吴毓江认为墨子生卒年约为前 488 至 478—前 385。③ 当代学者徐希燕综合各家观点后认为:"墨子姓墨名翟,生于前 480 年(前后误差不超过 3 年),卒于前 389 年(前后误差不超过 5 年)。"④这样看来,墨子是春秋、战国之际的人,时代略晚于孔子。关于墨子籍贯,主要有宋人说和鲁人说。根据《墨子》书中所述史实,现在学术界普遍认为墨子为鲁国人。

二、《墨子》的作者及时代

关于《墨子》的作者,学术界一向有争议。主要在于墨子是否自著书。方授楚说:"墨

---

① 蔡尚思主编:《十家论墨》,上海人民出版社,2008 年版,3 页。
② [清]孙诒让撰,孙启治点校:《墨子闲诂》,中华书局,2001 年版,693 页。
③ 吴毓江撰,孙启治点校:《墨子校注》,中华书局,1993 年版,1081~1086 页。
④ 徐希燕:《墨子姓名里籍年代考》,《复旦学报》(社会科学版),1999 年第 1 期。

子未尝自著书也，今所传《墨子》书，乃墨翟弟子及其后学所记述缀缉而成者。"①

胡适把《墨子》的文章分为五组："第一组，自《亲士》到《三辩》，凡七篇，皆后人假造的（黄震、宋濂所见别本，此七篇题曰经）。前三篇全无墨家口气，后四篇乃根据墨家的余论所作的。第二组，《尚贤》三篇，《尚同》三篇，《兼爱》三篇，《非攻》三篇，《节用》两篇，《节葬》一篇，《天志》三篇，《明鬼》一篇，《非乐》一篇，《非命》三篇，《非儒》一篇，凡24篇。大抵皆墨者演墨子学说所作的。第三组，《经》《经说》，《大取》《小取》，六篇，不是墨子的书，也不是墨者记墨子学说的书。我以为这六篇就是《庄子·天下》篇所说的'别墨'做的。……第四组，《耕柱》《贵义》《公孟》《鲁问》《公输》，这五篇，乃是墨家后人把墨子一生的言行辑聚来作的，就是儒家的《论语》一般。第五组，自《备城门》以下到《杂守》凡十一篇。所记都是墨家守城备敌的方法，于哲学没什么关系。"②

以上分组，学术界大致是认可的。对于第二组和第四组，问题不大。从记述内容上看，基本上是墨学弟子及其后学对墨子学说的辑录或对墨子言行的辑录，成书在战国晚期。尤其第二组《尚贤》《尚同》诸篇，往往同一主题分上中下三篇，内容大同小异。普遍认为这是墨学后人三家分别辑录而成。墨子死后，墨家分为三家，即相里氏之墨、相夫氏之墨、邓陵氏之墨。对于第三组《墨经》，胡适认为是"别墨"所作。今天学者们经过长期的研究，基本认定是由墨家弟子及后学集体写成，成书当在战国晚期。如方授楚认为："《墨经》有修正墨子学说之处，乃墨氏弟子及后学积集而成。……《墨经》辞约义丰，保罗甚富，如决定为一人所著，亦非一人所能著也。……此必禽滑厘、孟胜、田襄子诸钜子硕学，以多数人之力量，随时决定而颁布之者，系用集体主义之精神所成，故不能指为谁某所作而仍庄严隆重也。"③第五组《备城门》以下诸篇则反映了后期墨家的军事思想，成书当也在战国后期。

争议最大的是第一组《亲士》《修身》等七篇。对于《亲士》《修身》诸篇，毕沅认为："疑翟自著，余篇称'子墨'，《耕柱》篇称'子禽子'，则是门人小子记录所闻。"④孙诒让认为："惟《修身》《亲士》诸篇，谊正而文靡，校之它篇殊不类。《当染》篇又颇涉晚周之事，非墨子所得闻，疑皆后人以儒言缘饰之，非其本书也。"⑤胡适认为前七篇"皆后人假造的"⑥。孙诒让、胡适等人的推断依据是《墨子》所述史实及语言"风格"或"口气"。当代学者徐华认为《亲士》《修身》中的"许多观点在随后的章节里不仅得到了延续，且进一步深化"⑦。据此认为《亲士》《修身》二篇是墨子早期习儒阶段自著，第一组中后五篇为墨子属下早期门人所著。此外，张学君根据前七篇中具有浓烈平民色彩的语言风格认为前

①　蔡尚思主编：《十家论墨》，上海人民出版社，2008年版，39页。
②　胡适：《中国哲学史大纲》，中国华侨出版社，2014年版，104～105页。
③　方授楚：《墨学源流》，中华书局、上海书店联合出版，1989年版，155～156页。
④　毕沅校注，吴旭民校点：《墨子·叙》，上海古籍出版社，2014年版，2页。
⑤　[清]孙诒让撰，孙启治点校：《墨子闲诂·自序》，中华书局，2001年版，1页。
⑥　胡适：《中国哲学史大纲》，中国华侨出版社，2014年版，104页。
⑦　徐华：《今本〈墨子〉前七篇新考》，《古籍整理研究学刊》，2009年第2期，74～79页。

七篇为墨子自著,即《庄子·天下》所说"墨经"。并认为"此书体例精严,体现了历史与逻辑的统一。……第一组前七篇为墨子自著,成书最早,起'提纲挈领'作用。第二组是墨子弟子所记二十四篇,是对前七篇中墨子思想的阐释与发挥,成书时代晚于第一组。第三组为墨家后学的名家思想,时代晚于第二组。"①

分析以上观点,我们认为,胡适的"假造"说最不可信。首先,胡氏并没有确凿的证据,仅凭"无墨家口气"判断,失于武断。实际上《墨子》一书大多出自墨家弟子及墨学后人集体所做,出于众人之手,所谓"口气"或"风格"绝不是单一的。况且墨子早年学习儒术,思想中也难免有儒学的痕迹。其次,墨学兴盛存在的时间并不长,主要是战国时期,秦汉时已经衰落。孙诒让认为:"墨氏之学亡于秦季,故墨子遗事在西汉时已莫得其详。"②方授楚亦说:"墨学之在西汉,其衰微乃渐而非顿,及汉武用董仲舒之言,罢黜百家,表章六艺,其传授始绝也。"③由于孟子刺墨,汉武帝独尊儒术之后,后世《墨子》几成禁书。所以假造之说可能性不大。即便书中偶尔有晚周之事,如王焕镳所说:"文中所引史实或有墨子死后之事,这可能是墨家后学者所增,先秦诸子中此类例子很多。"不能以此否定"本篇是《墨子》所固有。"④对于第一组文章,不论是否出于墨子之手,从内容上看,前七篇的内容确实在后面的篇章中得到了延展,如梁启超所说:"(第一组中的后四篇)是墨家记录墨学概要,很能提纲挈领。"⑤因此,我们认为其时代可能早于其他四组。

综上所述,《墨子》成书应该在战国中晚期,大致是没有问题的。那么,《墨子》一书当主要反映战国中后期的语言面貌。

第二节 选题的宗旨和价值

一、对汉语史研究的意义

《墨子》是先秦一部重要作品,集中反映了先秦墨家学派及其创始人墨子的思想学说,《墨子》书系春秋战国之际十分丰富的百科全书,集当时政治、经济、文化、科学、教育、军事诸方面思想之大成,可谓先秦之巨著。研究《墨子》句法,不仅对于了解汉语发展史、探索汉语言发展规律有重要价值,同时对于继承古代优秀的文化遗产也有重大意义。

① 张学君:《〈墨子〉前七篇作者考》,《吉林师范大学学报(人文社会科学版)》,2011年第2期,40~42页。
② [清]孙诒让撰,孙启治点校:《墨子闲诂·自序》,中华书局,2001年版,680页。
③ 蔡尚思主编:《十家论墨》,上海人民出版社,2008年版,122页。
④ 王焕镳:《墨子校释》,浙江文艺出版社,1984年,15页。
⑤ 蔡尚思主编:《十家论墨》,上海人民出版社,2008年版,6页。

第一,研究《墨子》句法,有助于我们更好地理解这部经典。《墨子》一书中包含的许多古代政治、哲学思想对于我们今天的社会主义建设仍有重要意义。如"节葬""节用"观、"兼爱""非攻"观、"尚贤"观等,与我们的社会主义核心价值观相一致。《墨子》一书逻辑性强,包含着丰富的言语交际思想和高超的论辩艺术。而学习、继承这些优秀的传统文化需要对经典的正确认识和解读。墨学曾为"显学",但由于历代统治阶级不重视墨学,自秦汉至清中叶研究墨子的人很少,以致该书在抄、刻流传中产生诸多错误,脱文、衍文较多,错伪严重,同时又有一些古文僻义,晦涩难懂。研究《墨子》句法,有助于纠正错伪,正确断句,从而正确理解这部经典的深刻含义。

第二,研究《墨子》句法,能够为汉语史研究提供丰富的材料。专书语法研究是汉语史研究的基础,对汉语史研究具有重要意义。《墨子》句式非常有特色,如使用了大量的设问句、反问句等。《墨子》中复句种类繁多,标志鲜明,反映了作者思维的严密性,同时也反映了战国时期汉语句法已经发展到比较高的水平。对《墨子》句式、句法进行全面、深入、细致的研究能使我们了解战国时期汉语语言的基本面貌。

第三,研究《墨子》句法,能够进一步校勘《墨子》。传统的校勘学多以小学为基础,从字词、训诂、音韵等方面进行注释与校对。如孙诒让凭借深厚的小学功底,所撰《墨子闲诂》是迄今为止学术界公认的最优秀的《墨子》校勘版本。也有从方言角度进行校勘,如萧鲁阳的《论〈墨子〉方言研究的意义》等。从语法的角度去校勘字词或标点的论著还很少见到。汉语的句子是集形式、意义、语用于一体的语言,语法形式和语言意义不可分割。研究句法形式、句法特点对意义的正确理解有着重要作用。

首先,句法研究有助于标点正误。目前《墨子》一书比较好的版本有清孙诒让撰,孙启治点校的《墨子闲诂》,点校严谨,标点错误较少。但此书仍然存在一些标点错误,致使分句之间的联系被割裂,看不清句子的逻辑关系。如因果复句的例子,"此六君子所染不当,故国家残亡,身为刑戮,宗庙破灭,绝无后类,君臣离散,民人流亡,举天下之贪暴苛扰者,必称此六君子也"。(所染)这个复句包含九个小分句,中间一路逗号,第二个分句前有表示结果的连词"故",因此很容易认为是一个因果复句,"故"一贯到底。实际上细细品味其逻辑关系,就会发现连词"故"只管到"民人流亡"这个分句。因为"所染不当"只能产生"国家残亡……"等后果,后面的"举天下之贪暴苛扰者,必称此六君子也。"是一个进一步的论述,是一个假设复句。因此该大句包含两个复句,这两个复句之间也是因果关系,是属于语段之间的联系。"民人流亡"后的逗号应改为句号。原文的标点割裂了句子原因和结果之间的联系。

其次,句法研究有助于纠正错伪,识别衍文,补出脱文。如"为暴人语天之为是也而性,为暴人歌天之为为非也"。(大取)此句颇为难解,原句字词当有错误。《墨子今译今注》根据吴毓江注把语句和标点改为:"为暴人语天之为是耶? 如性为暴人歌天之为为非也。"并把"如"解释为"如果"(谭家健、孙中原译注,商务印书馆,2012:348)。根据我们对《墨子》假设复句的研究,《墨子》中的假设连词主要有"若""苟""若苟""今"等,没有见到假设连词"如",因此把"而"改为"如"并不一定恰当。又如"夫杀之人,为利人也博矣。"(非攻下)"俞云:'博'疑当作'薄'。言杀人以利人,其利亦薄矣。"孙诒让也说:"此疑当作'夫杀人之为利人也,薄矣。'"①孙诒让的意见是正确的,但孙仅从句意去判断。从句法上看,这是一个按断复句,《墨子》中的按断复句数量很大。"夫杀人之为利人也"是按语,"薄矣"是断语,是作者的判断和意见。原文的标点把按语的主谓结构分割,又与断语混淆,自然就不好理解了。

最后,句法研究也有助于对《墨子》的时代和作者等问题的考证。如《墨子》按断复句中,用以复指按语并衔接按语与断语的代词主要有"此""是""之""若""其"等。其中,"此"的用量最大,共112个,占代词总量的65%,其次是"是",50个,占总量的29%。值得注意的是,从《亲士》以下到《非儒》等篇,断语使用代词的按断复句中,多用"此"少用"是","此""是"比是107:14;而在《大取》《小取》《耕柱》《贵义》《公孟》《鲁问》等篇章中,使用代词衔接手段的按断复句中,多用"是"少用"此","此""是"比是5:36。这可能与语言的时代性、地域性以及个人的使用习惯有关。学界对于《墨子》的时代和作者问题向来争议颇多,语言学的研究或许能为该书的作者考释提供一些佐证吧。

二、研究现状

目前国内外对《墨子》的研究主要集中在墨子思想方面,主要研究墨子的政治、经济、哲学、教育、军事、科技等方面思想。从语言学角度对《墨子》进行研究的论著不多,主要是从校勘和词汇的角度研究《墨子》。

校勘方面的论著主要有:张学君的《〈墨子〉前七篇作者考》,(《吉林师范大学学报》2011年第2期)该文从语言风格和用词习惯等角度认为《墨子》前七篇为墨子自著。王瑛的《〈墨子·公输〉的一处校勘问题》(《古汉语研究》1995年第2期)、裘锡圭的《〈墨经〉"侀""廉"等四条校释》(《国学研究》第三卷,1995年,北京大学出版社)等文章校勘了《墨子》中的一些词语。郑杰文的《墨子研究方法的近代化历程》(《文史哲》2001年第6期)一文讨论了自清儒至民国时期学界对《墨子》考释、研究方法的发展变革。

从词汇角度研究的论文主要是一些学位论文,如唐瑛的《〈墨子〉形容词研究》(西南师范大学硕士学位论文,2003年)、杜威的《〈墨子〉并列式复合词研究》(河北师范大学硕士学位论文,2005年)、李晓燕的《〈墨子〉复音词研究》(西南大学硕士学位论文,2010年)、李琦的《〈墨子〉代词研究》(首都师范大学硕士学位论文,2008年)等都穷尽性地描写、分析了《墨子》的形容词、代词、复音词的数量和语法特征。著作主要有孙卓彩的《〈墨子〉词汇研究》(中国社会科学出版社,2008年),该书较为全面地分析了《墨子》中的单音词、复音词、固定词语、虚词等分布与特征。

目前从句法角度研究《墨子》的成果不多,主要有:张玉的《〈墨子〉述宾结构语义关

---

① [清]孙诒让撰,孙启治点校:《墨子闲诂》,中华书局,2001年版,143页。

系研究》(山东师范大学硕士学位论文,2014 年),该文从单宾语和双宾语两个方面描写《墨子》中述宾结构语义关系的类型,分类科学,描写细致。彭利瑞的《〈墨子〉四种句式研究》(西北师范大学硕士学位论文,2010 年)一文对《墨子》中的判断句、被动句、双宾语句、疑问句进行了考察。但这些文章对《墨子》句法的研究多为零散的、不成体系的,只孤立分析了《墨子》句法的某一个方面,没有从整体上系统地描写《墨子》句法。此外,以往的研究数据统计多,语言分析少,多为对句式的静态描写,很少分析、解释句法结构。目前尚未见到全面研究《墨子》句法的论著。

总之,目前学术界对《墨子》的研究表现出严重的不平衡:从哲学、思想等方面研究的成果多,从语言学角度研究的少;语言学的研究从校勘、词汇的角度研究的多,从句法层面研究的少。《墨子》的校勘基本上都是从字词、音韵、语言风格等方面入手研究,从语法角度考释文字或标点失误的论著较少见到。对《墨子》句法的研究只有少数零星的成果,全面、系统地研究《墨子》句法的论著还未见到。

三、研究对象和方法

本书属于专书语法研究,主要是句法的研究,但是会涉及一部分词类。如研究疑问句时也包含疑问词语的分析,研究按断复句时也同时分析指事代词的用法,讨论假设复句时也同时讨论了假设连词的用法以及"今""使"的意义和词性等问题,因此也会包括相关词类的研究。本书拟全面系统地研究《墨子》句法,采用穷尽性的统计方法,描写、分析《墨子》主要特殊句式,如判断句、被动句、宾语前置句、特殊动宾结构、疑问句等;穷尽性地研究《墨子》复句,描写各类复句的语法形式、语义特征和语用特征,力求描写出《墨子》句法的基本面貌,进而对战国时期汉语句法有较为详细的认识。最后利用句法研究成果校勘《墨子闲诂》的标点失误。

研究方法:定量分析与定性分析相结合。由于句法牵涉的面非常广泛,本书只对特殊句式进行穷尽性统计、分析,对于一般的句式,只做简单描写。在全面统计数量的基础上静态描写句法结构特征。

"三个平面"理论为基础,语法形式、语义特征、语用价值相结合的研究方法。句法研究以描写、揭示句法结构特征为基础,但形式不能孤立存在,必须同时也注意结合意义标准。在对复句进行分类研究时这一点尤为重要,复句的形式标志是复句分类的重要依据,同时兼顾语义特征,遵循形式与意义统一的原则。

分类与归纳相结合。对每一种句式或复句进行分类研究是语言研究的基础,同时总结出其语义、语用特征,进而归纳汉语句式发展规律。

第三节　语法体系

一、语法体系

语法，主要包括词法和句法。词法主要指语素组合成词的规则。句法是研究组词成句的规则，包括词组合成词组的规则，词或词组组合成句的规则，句子成分和句子的类型等。本书的语法体系主要参照杨伯峻、何乐士的《古汉语语法及其发展》（以下简称《发展》），主要包括以下方面：

（一）词类

古代汉语的词类主要包括实词和虚词两大类。实词包括名词、代词、动词、形容词、数词、量词、感叹词。虚词主要包括副词、介词、连词、助词和语气词。感叹词虽然没有实际的意义，但由于能够单独回答问题，我们把感叹词归入实词。副词的虚实之分一向有争议，由于大多数虚词词典尤其是古汉语虚词词典都收入副词，学术界目前关于金文或简帛等出土文献虚词的研究也都包括副词，我们也遵照传统，把副词归入虚词来讨论。

其中名词包括普通名词、时间名词和方位名词。动词包括行为动词、状态动词、心理动词、存现动词、像似动词和能愿动词。形容词包括性质形容词和状态形容词两类。副词包括程度副词、范围副词、频率副词、否定副词、情态方式副词、谦敬副词、语气副词、关联副词等。代词包括人称代词、指示代词、疑问代词等。连词可分为词语连词和句间连词两大类，具体又可分为并列连词、顺承连词、转折连词、结果连词等。助词包括结构助词、语气助词、语缀助词等。

（二）词组

词组，也叫短语，是词与词按照一定的规则组合起来的语法单位。按照词组的结构方式，古代汉语的词组可以分为主谓词组、动宾词组、偏正词组、中补词组、联合词组、连谓词组、兼语词组、介词词组、"所"字词组、"之"字词组、"者"字词组等。

（三）句子

句子是具有一个语调、能够表达一个相对完整意思的语法单位，句子包括单句和复句。

按照句子表达的语气，可以把古代汉语的句子分为陈述句、祈使句、疑问句、感叹句等四大类。

按照句子的结构特点，可以把古代汉语的单句分为主谓句和非主谓句两大类型。主谓句是指由主语和谓语两个句子成分构成的单句。非主谓句是指由主谓短语以外的词或短语形成的句子,是不能分析出主语和谓语的句子。按照谓语性质的不同,可以把古代汉语中的主谓句分成动词谓语句、形容词谓语句、数词谓语句、名词谓语句、代词谓语句和主谓谓语句。

其中动词谓语句的谓语是由动词性词语充当的。这类主谓句数量最多,也叫叙述句。按照谓语动词的数量,可以把动词谓语句分为单动句和多动句两类。单动句是谓语由一个核心动词充当;多动句是谓语有两个或多个核心动词。按照动词的性质,可以给单动句再分类,如及物动词、不及物动词、助动词、存在动词等。多动句可以分为并列句、连谓句和兼语句等。

关于单句和复句的划分,我们赞同杨伯峻、何乐士的观点:"以一个谓词为中心的谓语结构为单谓,以两个或两个以上谓语组成的谓语结构称为多谓。无论是单谓或多谓,单句都只有一个'谓语读'。如果有两个或两个以上的谓语读,它们不是构成宾语的成分,即使都是同一主语,也归入复句。……复句是指有两个以上的分句(或谓语读)组成的意义相对完整的句子。分句之间不是互为句子成分,而是有着语义上的逻辑关系。"①

古代汉语复句的划分一向有争议,本书主要依据《发展》一书的复句划分体系,把复句首先分为联合复句和偏正复句两大类。联合复句包括并列复句、对比复句、选择复句、顺承复句、按断复句、总分复句六类,偏正复句分为转折复句、假设复句、因果复句、目的复句、递进复句五类。

关于递进复句,有的学者归入联合复句,如张玉金编著的《古代汉语语法学》,②我们认为递进复句中要强调的是后者,因此按照《发展》的做法,将之归入偏正复句。

鉴于《墨子》复句的实际情况,我们没有设立条件复句。《墨子》中可译为"只有……才……"或"无论……都……"的典型的条件复句较少,我们同意杨伯峻、何乐士的做法,把假设复句和条件复句合并,如"大多数假设复句的内部结构是:上句表假设或条件,是偏句;下句表示对结果的推断,是正句。"③假设复句和条件复句本身有着天然的联系,邢福义说:"所谓假设,实际上是一种待实现的原因,因此,假设复句也属于因果类复句。……所谓条件,实际上也是一种待实现的原因,因此,条件复句也属于因果复句。"④因此,邢福义把假设复句、条件复句都归入广义因果类复句。

关于时间复句,我们认为有的表示时间的句子可以认为是时间状语,如"古者天子之始封诸侯也,万有余。"(非攻下)有的则可以并入顺承复句,如"故古者尧举舜於服泽之阳,授之政,天下平。"(尚贤上)因此不再单独立时间复句。

关于"提引句"和"外套句"。所谓"外套句",是"用于外层,套住转述性话语的句子。

① 杨伯峻、何乐士:《古汉语语法及其发展》语文出版社,2001年版,913页,918页。
② 张玉金:《古代汉语语法学》,广东高等教育出版社,2010年,352页。
③ 杨伯峻、何乐士:《古汉语语法及其发展》语文出版社,2001年版,951页。
④ 邢福义:《汉语复句研究》,商务印书馆,2003年版,83页,94页。

……外套句和套内句代表两个不同层次的述说,外套句是直述,属 A 人称,套内句是转述,属 B 人称。最好的办法是分别算'句'"。① 外套句句末一般都有"云""曰""言曰"之类的动词。

我们把"外套句"和"提引句"分别算单句,简短的外套句不予分析,如:

(1)故曰:"财不足则反之时,食不足则反之用。"(七患)

(2)程繁问于子墨子曰:"夫子曰:'圣王不为乐。'……"(三辩)

(3)子墨子言曰:是在王公大人为政于国家者,不能以尚贤事能为政也。(尚贤上)

以上"故曰""程繁问于子墨子曰""夫子曰""子墨子言曰"都是外套句。

长的复杂的外套句予以分析。如:

(4)是以国之富贵人闻之,皆退而谋曰:"……"(尚贤上)

(5)退而之齐,见子墨子曰:"卫君以夫子之故,致禄甚厚,设我于卿。"(耕柱)

所谓"提引句",是"用于前头,提引出转述性话语的句子。提引句里用'这样'之类指别词,或者用'一段话'之类称说语。它们同后面的转述性话语之间有复指关系。"②

(6)古者有语:"谋而不得,则以往知来,以见知隐。"(非攻中)

(7)为衣服之法:"冬则练帛之中,足以为轻且暖;夏则绤之中,足以为轻且清。"(辞过)

以上"古者有语""为衣服之法"都算作提引句。提引句中的词语与后面转述性话语之间有复指关系,如以上二例中的"语""法"与后面话语是同位关系。提引句我们也作单句处理。

此外,《墨子》引《诗经》《尚书》等引书句子不予统计,因为不能反映战国时期语言面貌。《经》《经说》上、下由于语言体例特殊,也不在本书研究范围内。

二、版本和句读

(一)《墨子》版本

今存《墨子》较早的版本,是明正统十年刊行的《道藏》本五十三篇。《汉书·艺文

---

① 邢福义:《汉语复句和单句的对立和纠结》,《世界汉语教学》1993 年第 1 期。
② 邢福义:《汉语复句和单句的对立和纠结》,《世界汉语教学》1993 年第 1 期。

志》说《墨子》七十一篇，今仅存五十三篇，少十八篇。自秦汉直至清中叶，由于统治阶级不重视《墨子》，该书少有人研究，不仅篇文有亡佚，且错伪较多，难以卒读。诚如俞樾所说："乃唐以来，韩昌黎外无一人能知墨子者，传诵既少，注释亦稀。乐台旧本，久绝流传，阙文错简，无可校正，古言古字更不可晓，而墨学尘薶终古矣。"①（俞序）清中叶以来，毕沅是首先整理《墨子》的人，此后，王念孙、王引之父子，俞樾、戴望都就毕书进行研究，成就颇多。

目前学术界公认的比较优秀的《墨子》版本是孙诒让所著《墨子闲诂》。孙诒让以毕沅《墨子校注》为底本，参考明吴宽残抄本、《道藏》本、日本宝历间仿刻明茅坤残本等多种版本，考校文字，征引文献，吸收前辈学者如王念孙、王引之、洪颐煊、俞樾、戴望等人研究墨子的成果，穷尽十余年之功力，始成此著作。学术界对此书评价很高。如俞樾在《墨子闲诂》序中说："凡诸家之说，是者从之，非者正之，阙略者补之。……盖自有《墨子》以来未有此书也。"②

梁启超则认为："大抵毕注仅据善本雠正，略释古训；苏氏始大胆刊正错简；仲容则诸法并用，识胆两皆绝伦，故能成此不朽之作。……盖自此书出，然后《墨子》人人可读。现代墨学复活，全由此书导之。古今注《墨子》者固莫能过此书，而仲容一生著述，亦此书为第一也。"③

我们主要以2001年中华书局出版的《墨子闲诂》（孙诒让撰，孙启治点校）为版本，同时参考诸多《墨子》校注本或译注本。校注本主要包括张纯一所著《墨子集解》、王闿运著《墨子注》、吴毓江著《墨子校注》、谭戒甫著《墨辩发微》、高亨著《墨经校注》、岑仲勉著《墨子城守各篇简注》等。译注本主要有孙以楷、甄长松著《墨子全译》，蒋玉斌、辛志凤著《墨子全译》，孙中原、谭家健著《墨子今注今译》等。

（二）句读认定

虽然孙诒让撰写的《墨子闲诂》是目前较为优秀的《墨子》训诂版本，由于作者仅从传统的小学出发来断句、释词，难免会有标点错误。《墨子》中存在大量的复句，通过对《墨子》句法的研究，可以正确理解句子之间的逻辑关系，从而正确断句。我们在研究《墨子》句法时，发现《闲诂》中的很多标点错误。

例如：

(1)是以其财不足以待凶饥，振孤寡，故国贫而民难治也。（辞过）

(2)民之为淫暴寇乱盗贼，以兵刃毒药水火退无罪人乎道路率径，夺人车马衣裘以自利者，并作由此始，是以天下乱。（明鬼下）

① ［清］孙诒让撰，孙启治点校：《墨子闲诂·俞序》，中华书局，2001年版，1页。
② ［清］孙诒让撰，孙启治点校：《墨子闲诂·俞序》，中华书局，2001年版，1页。
③ 梁启超：《中国近三百年学术史》，上海古籍出版社，2014年版，228~229页。

例(1)(2)都把因果复句的表因分句中主谓关系分割。例(1)连词"故"连接表因分句和表果分句。表因分句中"待凶饥"和"振孤寡"是并列结构,其主语都是"其财",共同受"不足以"修饰,"待凶饥"和"振孤寡"之间应点顿号。如果点逗号,"振孤寡"就会与主语及其修饰成分相割裂,句意也会发生改变。

　　例(2)"是以天下乱"前面的成分是一个长句子,也是因果复句的表因分句。"民之为淫暴寇乱盗贼"是一个"之"字结构,"之"用于主语谓语之间,即我们通常所说的"取消句子的独立性",就是使句子在形式上词组化,意思上不完整,如果不依赖一定的上下文,就不能独立存在。后面"以兵刃毒药水火退无罪人乎道路率径""夺人车马衣裘以自利者"前面都省略了"民之",因此前三个小分句实际上是三个并列的主谓结构或"之"字结构,共同作"并作"的主语,"并"这个副词指向前面三个主谓结构,"并作"是谓语,因此"并作"前面的逗号应该去掉,并列主语之间的逗号应改为顿号。全句的标点应该为:"民之为淫暴寇乱盗贼、以兵刃毒药水火退无罪人乎道路率径、夺人车马衣裘以自利者并作,由此始,是以天下乱。"

　　对于《墨子闲诂》中的标点失误,我们也撰写专文进行了梳理和勘误。

第二章　单　句

第一节　主谓句

据我们粗略的调查与统计,《墨子》一书共有句子 3179 个,其中单句有 553 个,复句有 2626 个。单句占总量的 17%。按照句子结构,单句可以分为主谓句和非主谓句两大类。主谓句是指由主语和谓语两个句子成分构成的单句。非主谓句是指由主谓短语以外的词或短语形成的句子。按照谓语性质的不同,可以把《墨子》中的主谓句分成动词谓语句、形容词谓语句、数词谓语句、代词谓语句、名词谓语句和主谓谓语句。

一、动词谓语句

动词谓语句的谓语是由动词性词语充当的。这类主谓句数量最多,也叫叙述句。按照谓语动词的数量,可以把动词谓语句分为单动句和多动句两类。单动句是谓语由一个核心动词充当;多动句是谓语有两个或多个核心动词。按照动词的性质,可以给单动句再分类,如及物动词、不及物动词、助动词、存在动词、比较动词作谓语等。多动句可以分为并列句、连谓句和兼语句等。

(一)单动句

1. 由单个不及物动词作谓语

共 8 句。例如:

(1)子路进。(非儒下)

(2)公输盘诎。(公输)

(3)然则义果自天出矣。(天志上)

(4)孔某与其门弟子闲坐。(非儒下)

(5)然而天下之非兼者之言,犹未止也。(兼爱下)

(6)之厕者不得噪。(备城门)

(7)救火者无敢讙哗。(号令)

（8）公素服誓于太庙。（迎敌祠）

例（1）（2）是简单的"主语＋谓语"句式，不及物动词作谓语。例（3）～（6）主语与谓语动词之间出现状语，例（3）是副词"果"和介宾短语"自天"作状语，例（4）是副词"闲"作状语，例（5）（6）（7）否定副词作状语，句子是否定句。例（8）动词后有补语。

2. 由单个及物动词作谓语

根据宾语的数量可以分为三种情况：

（1）不带宾语。共16句。例如：

①君子必学。（公孟）

②吾言足用矣。（贵义）

③故当执有命者之言，不可不明辨。（非命上）

④必不为。（贵义）

⑤请因以相见也。（公孟）

⑥未可知也。（鲁问）

⑦对曰："不去。"（贵义）

例①～⑦谓语动词均省略了宾语，谓语动词前都有状语。例③～⑦也省略了主语。

（2）带一个宾语。共134句。例如：

①子墨子见王。（公输）

②此谓三法也。（非命下）

③国有七患。（七患）

④昔者，齐庄君之臣有所谓王里国、中里徼者。（明鬼下）

⑤君子无斗。（耕柱）

⑥吾闻子好勇。（耕柱）

⑦我以为必能射御之士喜，不能射御之士惧。（尚贤下）

⑧耕柱子处楚无益矣。（耕柱）

例①～⑧都是"S＋V＋O"（S是主语，V是动词，O是宾语）的形式，例②的动词是"谓"，例③④⑤是存现动词"有""无"作谓语，例⑥的宾语是一个主谓短语，例⑦的宾语是一个对比复句，例⑧的主语是主谓短语。

⑨则上得要也。（尚贤上）

⑩是以民无饥而不得食，寒而不得衣，劳而不得息，乱而不得治者。（尚贤中）

⑪今王公大人之为刑政，则反此。（尚同中）

⑫圣王不为乐。（三辩）

⑬翟尝计之矣。（鲁问）

⑭君子必学祭祀。（公孟）

⑮举天下之仁义显人，必称此四王者。（所染）

⑯且夫天下盖有不仁不祥者。（天志中）

例⑨⑩也是"S+V+O"的形式，只是主语前分别出现了连词"则""是以"，例⑪的谓语动词是"无"，宾语是由四个分句组成的并列复句。例⑪是"AV+S+V+O"（AV 是状语）的形式，时间副词"今"作状语，出现在主语之前，主语是一个主谓短语，主谓之间有助词"之"，主语与谓语动词之间还有连词"则"。例⑫~⑯是"S+AV+V+O"的形式，状语出现在主语之后、动词之前。如⑫是否定副词"不"作状语，例⑬⑭⑮⑯分别是副词"尝""必""盖"作状语，例⑯主语前还有连词"且夫"。

⑰有窃疾也。（耕柱）

⑱则顺天之意也。（天志下）

⑲是以知天下之士君子也，辩义与不义之乱也。（非攻上）

⑳不仕子。（公孟）

㉑未闻为其所欲，而免其所恶者也。（亲士）

㉒请献十金。（公输）

㉓将驱骥也。（耕柱）

㉔兼爱天下之人。（天志下）

㉕以其所书于竹帛，镂于金石，琢于槃盂，传遗后世子孙者知之。（兼爱下）

例⑰~⑲都是"V+O"的形式，主语省略，例⑰动词是"有"，例⑱⑲主语前有连词"则""是以"，例⑲的宾语是一个主谓短语。例⑳~㉕都是"AV+V+O"的形式，动词前出现了状语，例⑳㉑否定副词"不""未"作状语，例㉒㉓㉔分别由谦敬副词"请"、时间副词"将"、偕同副词"兼"作状语，例㉕动词前由一个复杂的介词短语作状语。

㉖子墨子游公尚过于越。（鲁问）

㉗连弩机郭用铜一石三十斤。（备高临）

㉘吾即已言之王矣。（公输）

㉙遂得光誉令问于天下。（非命下）

㉚上本之于古者圣王之事。（非命上）

例㉖㉗为"S+V+O+CO"（CO 是补语）的形式，例㉖的补语是由介词"于"引进的介宾结构，例㉗的补语是数量短语。例㉘为"S+AV+V+O+CO"的形式，句末不仅出现补语，动词前还有副词"即已"作状语,例㉘"王"前省略了介词"于","于王"作全句的补语。例㉙㉚为"AV+V+O+CO"的形式,主语省略,动词前有状语,宾语之后出现补语。

㉛子未我应也。(公孟)
㉜未之得闻也。(公孟)
㉝唯其未之学也。(非儒下)

例㉛㉜㉝都是宾语前置句,古代汉语中,否定句代词作宾语时一般代词要放在动词之前,否定副词在主语之后、代词之前。

(3)带两个宾语。即双宾语句。共6句。

①天赐武王黄鸟之旗。(非攻下)
②及城中非常者,辄言之守。(号令)
③故天下之君子与谓之不祥者。(天志中)
④一谷不收谓之馑。(七患)
⑤不为暴势夺穑人黍稷狗彘。(兼爱中)
⑥效者,为之法也。(小取)

以上双宾句虽然数量不多,但分属几个类别。例①动词是"赐",是"给予类"双宾句。例②动词是"言",属于"教示类"双宾句。例③④动词是"谓",是"称谓类"双宾句。例③中的"与",毕沅云:"与同举。"[①]例⑤动词是"夺",是"夺取类"双宾句。例⑥动词是"为",属于"为动类型"双宾句。

3. 被动句

也就是主语是受事。《墨子》被动句主要是意念被动句,即不使用表示被动的标志词语,由上下文意表示被动。(《墨子》中也有有形式标志的被动句,如"于"字句、"为"字句、"见"字句等,但大都是复句的一个小分句,在单句中不予讨论)共35句。例如:

(1)不从令者斩。(备城门)
(2)外宅粟米、畜产、财物诸可以佐城者,送入城中。(襍守)
(3)失火以为事者车裂。(号令)
(4)其以城为外谋者,三族。(号令)
(5)无符节而横行军中者,断。(号令)

---

① [清]孙诒让撰,孙启治点校:《墨子闲诂》,中华书局,2001年版,201页。

4. 比较句

即动词是"同""犹""如"等表示比较的。共 26 句。《墨子》中的比较句主要有等比、差比和极比三种。

（1）等比。等比表示相同或不同，谓语中心语往往由"同""犹""若""如"等充当，比较对象或由"于"或"与"引出，或直接出现在谓语动词之后。共 21 句。例如：

①诸吏卒民有谋杀伤其将长者，与谋反同罪。（号令）

②子之为鹔也，不如匠之为车辖。（鲁问）

③为彼犹为己也。（兼爱下）

④夫天之兼有天下也，亦犹君之有四境之内也。（鲁问）

⑤为义犹是也。（耕柱）

⑥莫若为王公大人骨肉之亲、无故富贵、面目美好者。（尚贤下）

⑦则是世俗之君子之视义士也，不若视负粟者也。（贵义）

⑧则士之计利，不若商人之察也。（贵义）

⑨则冠履不若手足之贵也。（贵义）

例①谓语中心语是"同"，比较对象用"与"引出。例②表比较的动词是"如"，动词后直接是比较对象。例③～⑤由动词"犹"表示比较。例⑥～⑨用动词"若"表比较，全都是否定句。

（2）差比。差比表示两种事物比较，一种事物甚于或不及另一事物。在陈述句中比较对象一般用"于"引出。在疑问句中比较对象多用"与"引出，或者使用固定结构"孰与"表示比较，"孰与"前后为被比较对象和比较对象。有时候，比较对象可以省略。《墨子》中差比句仅 2 句。例如：

①我义之钧强，贤于子舟战之钧强。（鲁问）

②鬼神孰与圣人明智？（耕柱）

（3）极比。极比表示特定范围内的事物没有超过选定的比较对象的。《墨子》中的极比包括否定形式和反问形式。仅 3 句。

①万事莫贵于义。（贵义）

②不义莫大焉。（非儒下）

③污邪诈伪，孰大于此！（非儒下）

例①②是否定形式的极比句，否定词用表示周遍的否定代词"莫"，谓语中心词由形容词充当，例①比较对象用"于"引出，例②用兼词"焉"称代。例③是反问形式的极比句,疑问代词用"孰",谓语中心词由形容词充当,比较对象用"於"引出。

5.存在句

即动词是"有""在"等表示存在的,存在句表示某个处所存在有某种事物的句子。《墨子》存在句包括"有"字存在句和"在"字存在句。共9句。例如:

(1)楚之南有炎人国者。(节葬下)

(2)千里之外有贤人焉。(尚同下)

(3)且夫天下盖有不仁不祥者。(天志中)

(4)越国之宝尽在此!(兼爱中)

(5)然臣之弟子禽滑釐等三百人,已持臣守圉之器,在宋城上而待楚寇矣。(公输)

(6)郭门在外。(备城门)

(7)寇在城下。(备成门)

例(1)(2)(3)是"有"字存在句,主语是表处所的名词,宾语是存在主体。例(4)~(7)是"在"字存在句,与"有"字存在句相反,主语是存在主体,宾语是表处所的词语。

(二)并列句

并列句指由动词性联合短语作谓语或谓语核心的句子。动词性联合短语的几个成分之间不分先后、主次关系,是同等的、可以逆转的并列关系。共17句。《墨子》并列句主要是动词并列句,仅2例代词并列句。动词并列句的句型主要有以下几种。

1."V_1+V_2"式

"V_1+V_2"式中的谓语部分是两个并列的动词,两个动词连续使用,都不带宾语。例如:

然且亲戚、兄弟、所知识共相儆戒。(天志上)

上引例中并列的动词"儆戒"为同义连用,前面出现了副词状语"共相"。

2."V_1+V_2+O"式

"V_1+V_2+O"式中两个并列的动词共同带一个宾语。例如:

诸城门若亭,谨候视往来行者符。(号令)

上引例中 V_1 和 V_2 分别是"候"与"视",两个动词语义相近,共同支配宾语。

3."$V_1+V_2+O_1+O_2$"式

"$V_1+V_2+O_1+O_2$"式中并列的两个动词连续使用,后面共同带有两个宾语。例如:

其说将必挟震威强。（尚贤中）

上引例中 V_1 和 V_2 "挟""震"从两个方面去说明同一对象,两者不是可以逆转的关系而是互相配合。"挟震"是并列动词,之前有时间副词"将"与情态副词"必"作状语。

4. "$V_1+O_1+V_2+O_2$" 式

"$V_1+O_1+V_2+O_2$" 式中两个动词分别带不同的宾语。例如:

(1) 我治国为政。（公盂）

(2) 天下之君子,特不识其利、辩其故也。（兼爱中）

(3) 以亏人自利也。（非攻上）

例(1)(2)中两个动词为同义词,例(3)中两个动词是反义词,两个动宾结构从两个方面去说明同一对象。

5. "$V+O_1+V+O_2$" 式

"$V+O_1+V+O_2$" 式中并列的两个动词相同,分别带不同的宾语。例如:其说将必与贱人不与君子。（非乐上）

例中两个动词相同,分别带不同的宾语。第二个动词前有否定词"不",两个动词肯定否定相对,从正反两个方面来说明同一事物、现象或动作行为,表示前后转折。《墨子》中这类用法最多。

6. "$V+O_1+而+V+O_2$" 式

"$V+O_1+而+V+O_2$" 式中并列的动宾结构中动词相同,所带宾语不同,动宾结构中间用连词"而"连接。例如:

(1) 皆以明小物而不明大物也。（尚贤中）

(2) 今天下之士君子,知小而不知大。（天志上）

例(1)(2)中连词"而"连接两个动宾词组,"而"前后语义相反,从正反两个方面来说明同一事物、现象或动作行为,表示转折关系。

7. "$V_1+O_1+而+V_2+O_2$" 式

"$V_1+O_1+而+V_2+O_2$" 式中并列的两个动宾结构中间用连词"而"连接。例如:

(1) 今也天下之士君子,皆欲富贵而恶贫贱。（尚贤下）

(2) 天欲义而恶其不义者也。（天志下）

(3) 我欲福禄而恶祸祟。（天志上）

例(1)(2)(3) V_1 和 V_2 均为"欲"与"恶",词义相反,动宾结构中的宾语词义也相对,两个动宾结构从正反两方面来说明问题。杨伯峻、何乐士说:"并列式常常用来表示对内容的强调。……并列式常以对偶句形式出现,大都结构相当,字数相等,形式相称,音节铿锵。"[1]《墨子》中很多并列式正是这样。

8."V_1+而+V_2"式

"V_1+而+V_2"式中并列的两个动词都不带宾语,中间用连词"而"连接。例如:

(1)君子循而不作。(非儒下)

(2)是亦当而不可易者也。(公孟)

例(1)(2)V_2前有否定词"不",V_1和V_2从正反两方面来说明同一件事情。

9."$V_代$+而+$V_代$"式

例如:

此乃是而然者也。(小取)

例中V_1和V_2都是代词,中间用"而"来连接。

(三)连谓句

"所谓连谓句,是指由连谓短语作谓语或谓语中心的句子。连谓短语由两个或两个以上谓词性成分连用,前后有时间先后或主次关系,共享一个主语,形成一个句读(即几个谓词性成分之间没有语音停顿)。"[2]《墨子》的连谓句中主要是两个动词性词语连用,即连动句,谓语中心为形容词的仅1例。共25句。

1.连谓句的谓词性词语之间的语义关系

(1)V_1和V_2之间有时间先后关系。例如:

①子墨子见染丝者而叹。(所染)

②程子无辞而出。(公孟)

③禽子再拜而叹。(备梯)

(2)V_1和V_2之间有原因和结果的关系,后一个动作表示前一个动作的结果。例如:

①发而为刑。(非命中)

②是故古者圣王制为节用之法。(节用中)

① 杨伯峻、何乐士:《古汉语语法及其发展》,语文出版社,2001年版,587页。

② 张玉金:《古代汉语语法学》,广东高等教育出版社,2010年版,283页。

（3）V_1和V_2之间有手段和目的关系，后一个动作表示前一个动作的目的。例如：

①我得天下之明法以度之。（天志上）
②遂为公尚过束车五十乘，以迎子墨子于鲁。（鲁问）
③即求以乡其上也。（兼爱下）

2. 连谓句的句型
（1）"V_1+V_2+O"式。
"V_1+V_2+O"式中两个动词连用，带有共同的宾语。例如：

①是故古者圣王制为节用之法。（节用中）
②将往见伊尹。（贵义）
③告子胜为仁。（公孟）

例①②V_1和V_2之间有目的关系，V_1表示某种方法、途径，V_2表示动作的目的。例③V_1表示原因，V_2表示动作的结果。
（2）"$V_1+O_1+V_2+O_2$"式。
"$V_1+O_1+V_2+O_2$"式中两个动词分别带有宾语，两个动宾结构连用，表示动作的先后或主次关系。例如：

①逮至远鄙郊外之臣、门庭庶子、国中之众、四鄙之萌人，闻之皆竞为义。
②家有守者治食。（号令）

例①②V_1和V_2表示先后发生的动作。《墨子》中连动句表示的这一类语义最多，以下例子都是如此。
（3）"V_1+O+V_2"式。
"V_1+O+V_2"式中仅第一个动词后带有宾语。例如：

吏各举其步界中财物可以佐守备者上。（襍守）

（4）"$V_1+O+而+V_2$"式。"$V_1+O+而+V_2$"式中只有第一个动词后面带有宾语，两个动词之间用连词"而"连接。例如：

①子墨子见染丝者而叹。（所染）
②程子无辞而出。（公孟）

③故曰:择务而从事焉。(鲁问)
④守表者三人,更立捶表而望。(襍守)
⑤尝有难此而可为者。(兼爱下)

(5)"V_1+而+V_2"式。"V_1+而+V_2"式中连用的两个动词都不带宾语,中间用连词"而"连接。例如:

禽子再拜而叹。(备梯)

(6)"V_1+O_1+而+V_2+O_2"式。"V_1+O_1+而+V_2+O_2"式中连用的两个动词分别带有宾语,两个动宾结构之间用连词"而"连接。例如:

聚敛天下之美名而加之焉。(天志中)

(7)"V_1+而+V_2+O"式。"V_1+而+V_2+O"式中仅第二个动词后带有宾语,两个动词之间用连词"而"连接。例如:

①闻文王者,皆起而趋之。(非命上)
②发而为刑。(非命中)
③子墨子闻而见之。(鲁问)

(8)"V_1+以+V_2+O"式。"V_1+以+V_2+O"式中仅第二个动词后带有宾语,两个动词之间用连词"以"连接。例如:

即求以乡其上也。(兼爱下)

上引例中 V_1 和 V_2 之间有手段和目的关系。

(9)"V_1+O+以+V_2"式。"V_1+O+以+V_2"式中仅第一个动词后带有宾语,两个动词之间用连词"以"连接。例如:

册板以听。(备穴)

(10)"V_1+O_1+以+V_2+O_2"式。"V_1+O_1+以+V_2+O_2"式中连用的两个动词分别带有宾语,两个动宾结构之间用连词"以"连接。例如:

①我得天下之明法以度之。(天志上)

②遂为公尚过束车五十乘,以迎子墨子于鲁。(鲁问)

③守以须城上候城门及邑吏来告其事者以验之。(号令)

④楼下人受候者言,以报守。(号令)

⑤今逮夫好攻伐之君又饰其说以非子墨子。(非攻下)

例①~⑤中 V_1 和 V_2 之间有手段和目的关系。

(11)"V_1+O+然后+$V_形$"式。"V_1+O+然后+$V_形$"式中第一个谓语中心是动词,动词后带有宾语,第二个谓语中心是形容词,两个谓语之间用复合连词"然后"连接。例如:

君子必古言服然后仁。(公孟)

上引例中动词与形容词之间用连词"然后"连接,时间关系很明显,该句式表示主体在某种动作行为发生之后才会具有某种性质状态。

(四)兼语句

兼语句是指兼语作谓语或谓语中心的句子,所谓兼语指它既是前一个动词的宾语,又是后一个动词(或形容词)的主语。兼语句中前一个动词往往是"使""令""命"等具有"使令"意义的动词。共 15 句。兼语句的格式主要有以下几种。

1. "$S+V_1+OS+V_2$"式

"$S+V_1+OS+V_2$"式(OS 是兼语)中仅 V_1 带宾语。例如:

我谓先生不可以北。(贵义)

例中 V_1 是动词"谓",V_2 之前出现了状语"不可以"。

2. "$S+V_1+OS+V_2+O$"式

"$S+V_1+OS+V_2+O$"式中 V_2 带了宾语。例如:

(1)子墨子使胜绰事项子牛。(鲁问)

(2)故于此乎天乃使武王至明罚焉。(明鬼下)

(3)天命周文王伐殷有国。(非攻下)

例(1)(2)V_1 是动词"使",例(3)中 V_1 是动词"命"。例(2)中,全句主语前有状语"故于此乎",V_1 前也出现副词状语"乃"。

3. "V_1+OS+V_2"式

"V_1+OS+V_2"式中省略主语。例如:

（1）苟使我和。（耕柱）

（2）苟使我皆视。（耕柱）

（3）使老小不事者，守于城上不当术者。（备城门）

例（1）（2）（3）中 V₁ 都是动词"使"，例（1）（2）中的"苟"为"尚"，王引之云："苟犹尚也。"①例（1）（2）V₁ 之前有状语。例（1）兼语之后的谓词是形容词，例（2）兼语之后、V₂ 前有副词"皆"作状语。例（3）V₂ 之后有补语。

4. "V₁+OS+V₂+O"式

"V₁+OS+V₂+O"式中全句的主语省略，V₂ 带了宾语。例如：

（1）令使守为城内堞外行餐。（备城门）

（2）莫，令骑若使者、操节闭城者皆以执圭。（号令）

（3）慎无令民知吾粟米多少。（号令）

例（1）兼语后 V₂ 前有介词短语作状语，例（2）V₁ 前出现时间副词状语"莫"，兼语后 V₂ 前有副词"皆"作状语。例（3）V₁ 前出现情态副词"慎"和否定副词"不"作状语。

5. "S+V₁+（OS）+V₂+V₃"式

"S+V₁+（OS）+V₂+V₃"式中兼语后面有连续使用的两个动词，即兼语连动混合式。例如：诸有罪过而可无断者，令杼厕罚之。（号令）

例中是兼语连动混合式，"令"后省略兼语"之"，"令杼厕"是兼语式，"令杼厕"与"罚之"是连动式，V₁ 和 V₃ 之间是手段和目的的关系，

从语义上看，《墨子》中的兼语句大致可分为两类：使令式兼语句，即 V₁ 含有使令、致使等意义，主要有"使""令""命"等动词，这一类兼语句最多，如上引例子。劝诫式兼语句，即 V₁ 含有劝诫、告教等意义，主要有动词"谓"，这一类兼语句较少，如"我谓先生不可以北。（贵义）"

二、形容词谓语句

形容词谓语句指形容词作谓语中心的句子。共 31 句。例如：

（1）则方法明也。（天志中）

（2）智与意异。（大取）

（3）天子之视听也神。（尚同中）

---

① ［清］孙诒让撰，孙启治点校：《墨子闲诂》，中华书局，2001 年版，437 页。

（4）执有命者以襍于民间者众。（非命上）

（5）乃若兼则善矣。（兼爱中）

例（1）～（4）是形容词直接出现在语句主语之后作谓语，例（3）是"之"字结构作主语，例（4）是一个复杂的"者"字结构作主语，例（5）主语与形容词之间有连词"则"。

（6）公输盘不说。（公输）

（7）则此岂刑不善哉？用刑不善也。（尚同中）

（8）若则不难。（节用上）

（9）故染不可不慎也！（所染）

例（6）～（9）是形容词作谓语的否定句，例（6）（7）否定词"不"出现在主语和形容词谓语之间，例（8）"不"前还可以有连词"则"，例（9）否定词前还可以有助动词作状语修饰形容词谓语。

（10）况兼相爱、交相利与此异矣。（兼爱中）

（11）吾命固将穷。（非命下）

（12）今王公大人之为葬埋，则异于此。（节葬下）

例（10）（11）主语与形容词谓语之间分别出现了介词短语"与此"和副词"固"作状语。例（12）形容词谓语后面出现补语。

（13）大王曰："利。"（鲁问）

（14）即善矣。（兼爱下）

（15）神曰："无惧！"（明鬼下）

形容词谓语句中还可以出现省略。如例（13）（14）（15）都省略了语句的主语。

三、数词谓语句

数词谓语句指数量词语直接作谓语的句子。共12例。例如：

（1）水器容四斗到六斗者百。（备城门）

（2）墙七步而一。（备城门）

（3）爵穴，三尺而一。（备梯）

（4）五步一密。（备穴）

（5）城上步一甲、一戟，其赞三人。（迎敌祠）

（6）城上三十步一蒈灶。（备城门）

（7）夏后殷周之相受也，数百岁矣。（耕柱）

（8）梯渠十丈一梯。（襟守）

（9）亭一鼓。（襟守）

（10）五十步一击。（号令）

例（1）（2）（3）是数词直接作谓语，例（4）～（10）是数量短语作谓语。

四、代词谓语句

代词谓语句指代词直接作谓语中心的句子。古代汉语中代词作谓语比较少见，主要是"然"，"然"是谓词性代词，是"如此""这样"的意思。共8句。例如：

（1）其所道之然。（辞过）

（2）子墨子曰：不然。（节葬下）

（3）子墨子曰："未必然也。"（公孟）

（4）鲁阳文君曰："然。"（鲁问）

（5）则亦然也。（尚同下）

例（1）主语是"其所道之"，谓语是代词"然"。例（2）（3）是否定句，否定副词"不""未"在代词谓语之前，主语省略，例（3）否定词之后还有副词"必"，"未必"作状语。例（4）（5）是省略句，例（4）代词"然"作谓语，例（5）"然"前有副词"亦"作状语，状语前有连词"则"。

五、名词谓语句

名词谓语句指名词或名词短语作谓语的句子，《墨子》中的名词谓语句按照它的作用可以分为说明句和判断句两类。

（一）说明句

说明性名词谓语句主要对主语内容、归属等情况进行说明，主语和谓语之间可以加"数""有""归"等来帮助理解。《墨子》中的说明句仅1例。例如：

今之世常所以攻者：临、钩、冲、梯、堙、水、穴、空洞、蚁傅、轒辒、轩车。（备城门）

(二) 判断句

判断句是指主语和谓语两部分具有等同关系,谓语对主语起分类作用,一般来说,判断句的主语由名词或代词充当,谓语是名词或名词性短语。《墨子》中的判断句共 157 例,形式多样,但大多都没有系词或准系词"为""是",主要靠句末语气词"也"帮助表达判断语气。具体来说,主要有以下几种格式。

1."S+者,$V_名$+也"式

"S+者,$V_名$+也"式中 S 是主语,主语基本上是名词或名词词组,但也有谓词性词语的,$V_名$是名词谓语,但也有是动词性词语的,但这时动词性词语已经指称化。主语后面的"者"和谓语后面的"也"配合使用,表示判断语气。共 53 例。例如:

(1)夫尚贤者,政之本也。(尚贤上)

(2)且夫义者,政也。(天志上)

(3)是故里长者,里之仁人也。(尚同上)

(4)天之志者,义之经也。(天志下)

(5)夫食者,圣人之所宝也。(七患)

(6)然则土地者,所有余也;王民者,所不足也。(非攻中)

(7)故士者,所以为辅相承嗣也。(尚贤上)

(8)顺天之意者,义之法也。(天志中)

(9)谏者,道死人之志也。(鲁问)

(10)蛾傅者,将之忿者也。(备蛾傅)

例(1)主语是名词,主语前有发语词"夫",谓语是名词短语,例(2)主语前有发语词"且夫",例(3)主语前有连词"是故"。例(4)主语和谓语都是名词短语。例(5)(6)(7)主语都是名词,主语前分别有发语词"夫"、连词"然则""故"等,谓语都是"所"字结构,"所"字结构是体词性结构。例(8)的主语是一个动宾词组,谓语是名词性词组。例(9)(10)的谓语虽然都是动宾短语,但已经指称化了,应该看成是判断句。

(11)上之所以使下者,一物也;下之所以事上者,一术也。(尚贤上)

(12)所以听狱制罪者,刑也。(非命上)

(13)所以整设师旅、进退师徒者,誓也。(非命上)

(14)先王之书,所以出国家、布施百姓者,宪也。(非命上)

(15)然而无冻饿之民者,何也?(七患)

(16)凡君之所以安者,何也?(所染)

例(11)~(14)主语都是"所以……者"的形式,谓语是"$V_名$+也"的形式,这种句式表示造成某种结果的原因。例(15)(16)是"……者,何也……"的形式,疑问代词"何"作谓语,询问原因。

2."S+者,是(此)+也"式

"S+者,是(此)+也"式中谓语是代词"是""此"等。共6例。例如:

(1)若昔者三代圣王尧舜禹汤文武者是也。(尚贤中)

(2)今之为仁义者,将不可不察而强非者,此也。(非命下)

(3)古者明王圣人,其所以王天下、正诸侯者,此也。(节用中)

(4)故虽昔者三代暴王桀纣幽厉之所以共抎其国家,倾覆其社稷者,此也。(非命下)

例(1)(2)中的谓语"是""此"分别指代上文提到的情况或性质特征,例(3)(4)主语是"所以……者"的格式,表示造成某种情况的原因,整个判断句表示对原因的判断。

3."S,V$_名$+也"式

"S,V$_名$+也"式中主语后没有"者",句末有语气词"也"表示判断语气。

这种形式比较常见,共43例。例如:

(1)伊尹,天下之贱人也。(贵义)

(2)义,天下之良宝也。(耕柱)

(3)白马,马也。(小取)

(4)兼是也。(兼爱下)

(5)夫一道术学业,仁义也。(非儒下)

(6)伐鲁,齐之大过也。(鲁问)

(7)臣子之不孝君父,所谓乱也。(兼爱上)

(8)鲁四境之内,皆寡人之臣也。(鲁问)

(9)然则天下之利何也?天下之害何也?(兼爱中)

例(1)(2)判断句的主语都是名词,谓语是名词短语。例(3)主语是偏正短语,谓语是名词。例(4)主语是单音节名词,谓语是代词"是"。例(5)(6)主语都是动宾结构,谓语是名词或名词性词组,例(5)主语前有发语词"夫"。例(7)主语是主谓结构,谓语是"所"字结构。例(8)主语省略,"鲁四境之内"是处所状语,谓语是名词性词组,谓语前有副词作状语。例(9)是疑问代词"何"作谓语。

4."S+非+V$_名$+也"式

"S+非+V$_名$+也"式是判断句的否定形式,可在名词性谓语前直接加否定副词"非"。共19例。例如:

(1)且夫读书,非好书也。(小取)

（2）爱弟，非爱美人也。（小取）

（3）是非其譬也。（兼爱中）

（4）夫恶有同方取不取同而已者乎? 盖非兼王之道也。（亲士）

例（1）（2）主语是动宾短语，谓语也是动宾短语，但从整体上看，动词性谓语已经指称化，所以仍然是判断句。例（3）的主语是代词"是"，谓语是名词短语。例（4）判断句的主语省略。

5."此（是），$V_名$+也"式

"此（是），$V_名$+也"式中主语是代词"此"，谓语是名词性词语，句末有语气词"也"表示判断语气，这种句式在《墨子》中很常见。共19例。例如：

（1）此圣人之厚行也。（尚贤中）

（2）此圣王之法也。（节葬下）

（4）此吾所谓君子明细而不明大也。（天志中）

（5）此所谓便其习而义其俗者也。（节葬下）

（6）此所谓言有三表也。（非命上）

（7）此吾所以知周书之鬼也。（明鬼下）

（8）则此禹之所以征有苗也。（非攻下）

（9）则是上下相贼也。（尚同下）

例（1）~（8）主语是代词"此"，例（1）（2）判断句的谓语是名词性短语，例（3）谓语是两个并列的动宾短语。例（4）（5）（6）谓语是"所谓……"的格式，例（4）（6）"所谓"之后又是一个复杂的主谓结构，例（5）"所谓"后是两个并列的动宾结构。例（7）（8）谓语是"所以……"的格式，表示原因，"所以"之后又都是动宾短语。例（9）主语是代词"是"，谓语是一个主谓短语。

6."$V_名$+也"式

"$V_名$+也"式中判断句的主语省略，句末有语气词"也"。共11例。例如：

（1）杀不辜者谁也? 则人也。予之不祥者谁也? 则天也。（天志上）

（2）人之所不欲者何也? 曰：病疾祸祟也。（天志中）

7."S+为+$V_名$"式

"S+为+$V_名$"式中主语与谓语之间有准系词"为"，"为"表示判断，可译为"是"。仅3例。例如：

（1）谁为知? 天为知。（天志下）

（2）予为句芒。（明鬼下）

（3）非惟若书之说为然也。（明鬼下）

8. 其他式

（1）儒之道足以丧天下者,四政焉。（公孟）

（2）三年之丧,学吾之慕父母。（公孟）

（3）非时而行者,唯守及撜太守之节而使者。（号令）

例（1）是"S+者,V$_名$+焉"式,判断句的主语是一个主谓短语,句末有语气词"者",谓语是名词短语,句末是语气词"焉",判断句表示造成某种结果的原因。例（2）是"S,V$_名$"式,谓语是动宾短语,但是已经指称化了。例（3）是"S+者,V$_名$+者"式,判断句的主语和谓语都是名词短语。

张玉金认为:"从《论语》开始,不用准系词'为'的判断句一般都在句子末尾使用'也'字,这个'也'字不是系词,而是表示判断的语气词。"[①]这种看法是非常正确的,《墨子》157 例判断句中,句末带有语气词"也"的共 151 句,占 96% ,不带"也"的仅 6 例,占 4% 。可见,春秋战国时代,句末语气词"也"是判断句的重要标志。

六、主谓谓语句

主谓谓语句指主谓短语作谓语的句子。主谓谓语句中,句子的主语叫"大主语",主谓短语的主语叫"小主语"。按照主谓谓语句中大主语和小主语的关系,《墨子》中的主谓谓语句可以分为以下三种类型。共 23 例。

（一）大主语是受事,小主语是施事

仅 3 例。例如:

（1）俛仰周旋威仪之礼,圣王弗为。（节用中）

（2）诸加费不加于民利者,圣王弗为。（节用中）

（3）引弦辄轹斩收。（备高临）

（二）句子的谓语里有复指大主语的成分

1. 复指成分作主谓短语的宾语

---

① 　张玉金:《古代汉语语法学》,广东高等教育出版社,2010 年版,298 页。

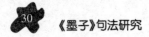

4 例。例如：

(1)命者,暴王作之。(非命中)

(2)女郭、冯垣一人守之。(号令)

(3)爱人利人者,天必福之。(法仪)

(4)恶人贼人者,天必祸之。(法仪)

例(1)(2)中主谓短语的宾语"之"分别指代大主语"命者"和"女郭、冯垣"。例(3)(4)中"之"指代大主语"爱人利人者"和"恶人贼人者"。

2.复指成分作主谓短语里主语的定语

共 9 例。例如：

(1)故浸淫之辞,其类在鼓栗。(大取)

(2)行为人箬者其糈多。(公孟)

(3)教人耕者其功多。(鲁问)

例(1)(2)(3)中,"其"指代大主语,在主谓短语里作定语。

(4)当今之主,其为宫室则与此异矣。(辞过)

(5)今天下为政者,其所以寡人之道多。(节用上)

(6)至攘人犬豕鸡豚者,其不义又甚入人园圃窃桃李。(非攻上)

(7)反城事父母去者,去者之父母妻子,断。(号令)

例(4)(5)(6)中的"其"相当于"名词+之",在句中也是作定语的。如例(7)中"去者之"可以替换为"其"。

3.复指成分作主谓短语里的主语

共 5 例。例如：

(1)王公大人骨肉之亲、无故富贵、面目美好者,此非可学能者也。(尚贤下)

(2)昔三代之暴王桀纣幽厉,此反天意而得罚者也。(天志上)

(3)故父母、学、君三者,莫可以为治法。(法仪)

(4)万事莫贵于义。(贵义)

(5)是以天下之庶国,莫以水火毒药兵刃以相害也。(天志下)

例(1)(2)中的"此"与大主语"王公大人骨肉之亲、无故富贵、面目美好者""昔三代之暴王桀纣幽厉"有复指关系。例(3)(4)(5)中的"莫"与大主语"父母、学、君三者""万事""庶国"有复指关系。

（三）大主语与小主语之间有领属关系

仅2例。例如：

(1)归敌者，父母、妻子、同产皆车裂。（号令）
(2)卒侍大门中者，曹无过二人。（号令）

小结：《墨子》中主谓句的构成和数量统计如表2-1：

表2-1　主谓句构成及数量

动词谓语句				形容词谓语句	数词谓语句	代词谓语句	名词谓语句	主谓谓语句	总计
单动句	并列句	连谓句	兼语句						
241	17	25	15	31	12	8	158	23	530

由表2-1可知，《墨子》主谓句中，动词谓语句最多，共298例，占总量的56%；其次是名词谓语句，共158例，占29%；形容词谓语句、主谓谓语句和数词谓语句都不多，代词谓语句最少。

第二节　非主谓句

非主谓句指主谓短语以外的短语或词语形成的句子，是不能分析出主语和谓语的。非主谓句不同于省略句，省略句往往承上下文省略主语或谓语，而非主谓句是补不出或不需要主语、谓语的。《墨子》中的非主谓句有23句。例如：

(1)告子贡曰："赐乎！举大事于今之时矣！"（非儒下）
(2)泰山！（兼爱中）
(3)曰："恶乎君子！"（非命下）
(4)楚王曰："善哉！"（公输）
(5)公曰："善！"（非儒下）
(6)子墨子曰："伤矣哉！"（耕柱）
(7)曰："敬哉！"（非命中）
(8)无鬼神。（公孟）

（9）且有二生于此,善筮。（公盂）

（10）古者有语焉。（尚同下）

（11）少少,有神来告。（非攻下）

（12）有游于子墨子之门者。（公盂）

（13）公输盘曰:"诺。"（公输）

（14）乃言曰:"呜乎!"（非乐上）

（15）骆滑氂曰:"然。我闻其乡有勇士焉,吾必从而杀之。"（耕柱）

　　例（1）（2）（3）是呼应语,是名词性非主谓句。例（4）（5）（6）是形容词性非主谓句,都是表示感慨的。例（7）~（12）是动词性非主谓句,例（7）单个动词作谓语,例（8）~（11）是动宾短语作谓语,动词是"有"或"无"。例（13）（14）（15）是感叹词性非主谓句,应答语构成一个独立的句子。

　　小结:《墨子》单句构成如表2-2:

表2-2　单句构成及数量

主谓句	非主谓句	总计
530	23	553

第三章　句　类

对句子可以根据不同的标准进行分类,根据句子所表达的语气进行的分类叫句类。古代汉语的句类主要包括陈述句、疑问句、祈使句和感叹句。

第一节　陈述句

陈述句就是表示陈述语气的句子。它或者陈述某种事实情况,或者表示某种行为动作,或者表达某种性质状态,或者表达判断语气等。陈述句句末可以没有语气词,也可以带有语气词。《墨子》中的陈述句主要包括以下几类:

一、不带语气词的陈述句

例如:

(1)考先圣大王之事。(非命下)
(2)吾将以告人。(耕柱)
(3)故言必有三表。(非命上)
(4)吾以昔者三代之圣王知之。(天志下)
(5)兼爱天下之人。(天志下)

二、句末用语气词的陈述句

陈述句句末语气词主要有"也""矣""焉""已""而已""耳"等,或语气词连用,如"也矣""而已矣"等。这些语气词除了表示陈述语气外,也常常表达其他复杂的语气。例如:

(1)则王公大人不明乎以尚贤使能为政也。(尚贤中)
(2)唯以尚同为政者也。(尚同中)
(3)则义不同也。(尚同下)

（4）自古及今，未尝不有此也。（天志中）

（5）即我以为未必然也。（非乐上）

（6）将驱骥也。（耕柱）

例（1）～（6）句末语气词为"也"，例（1）～（5）表示确认论断语气，例（6）表示委婉的语气。一般无须翻译。

（7）当今之主，其为舟车与此异矣。（辞过）

（8）若昔者三代圣王，足以为法矣。（明鬼下）

（9）爱人利人以得福者有矣。（法仪）

（10）乃若兼则善矣。（兼爱中）

（11）我赏因而诱之矣。（尚贤下）

（12）天子诸侯之君，民之正长，即已定矣。（尚同中）

例（7）～（12）句末语气词为"矣"，"矣"表示肯定语气，同时也是实现体的标记，相当于现代汉语的"了"，表示所述事件已成事实或推论将成为事实，有时候也表示报道新情况等。如例（7）～（10）表示确定无疑的语气，例（11）（12）表示已经实现的事件或情况。

（13）古者有语焉。（尚同下）

（14）此何难之有焉。（兼爱中）

（15）以其兼而食焉。（天志上）

（16）聚敛天下之美名而加之焉。（天志中）

（17）我闻其乡有勇士焉。（耕柱）

例（13）～（17）句末语气词为"焉"，"焉"本是指示代词，"于是""于此"之意，后来虚化为语气词，用于陈述句末表示肯定语气。可不译。

（18）义耳义耳，焉用言之哉？（鲁问）

（19）钧之枭，亦于中国耳，何必于越哉？（鲁问）

（20）不止此而已。（天志中）

（21）揣曲直而已。（贵义）

（22）夫婴儿子之知，独慕父母而已。（公孟）

（23）故大人之务，将在于众贤而已。（尚贤上）

（24）守独知其请而已。（号令）

例（18）～（24）句末语气词为"耳""而已"，"耳"是"而已"的合音，"耳"作为句末语气词较为少见,"耳""而已"表示限止语气,相当于现代汉语的"罢了"。

(25)先人有则三而已矣。(耕柱)

(26)其为食也,足以增气充虚、强体适腹而已矣。(辞过)

(27)我以为则无有上说之者而已矣。(兼爱下)

(28)天为知而已矣。(天志中)

(29)今子事鬼神唯祭而已矣。(鲁问)

例(25)~(29)为语气词"而已""矣"连用的例子。语气词连用如"而已矣"表示复杂的语气,既表示肯定,又表示限止语气,还表示所述事实是已然事实。

三、双重否定的陈述句

例如:

(1)故当执有命者之言,不可不明辨。(非命上)

(2)故食不可不务也。(七患)

(3)得意贤士不可不举,不得意贤士不可不举。(尚贤上)

(4)酒醴粢盛不敢不蠲洁,牺牲不敢不腯肥。(尚同中)

(5)不可不慎矣。(天志上)

(6)毋敢不处家。(节用上)

例(1)~(5)是"不……不……"式双重否定陈述句,例(6)是"毋……不……"式双重否定陈述句。

第二节 疑问句

《墨子》疑问句一般是在疑问词的帮助下发出疑问的。据我们粗略统计,《墨子》中共有疑问句459句,只有6句没有用任何疑问词帮助发问。《墨子》中的疑问词包括疑问代词、疑问副词及疑问语气词。其中,疑问代词可单独使用来提问,也可与语气词配合使用提问;疑问副词单独使用提问的很少,常常与语气词配合发问。下面将分别进行论述。

一、《墨子》所用疑问词语

（一）用疑问代词提问

《墨子》中单独使用疑问代词来发问的有"何""谁""孰""奚""恶""安""焉""胡"等单音节疑问代词和"奈何""何若""若之何""何如""奚若"等复音节疑问代词。

1. "何"

例如：

（1）然则天何欲何恶？天欲义而恶不义。（天志上）

（2）君将何之？（贵义）

（3）今夫子载书甚多，何有也？（贵义）

（4）何谓三本？（尚贤中）

（5）不识将择之二君者，将何从也？（兼爱下）

例（1）～（5）中"何"作动词宾语。

（6）何以知尚贤之为政本也？（尚贤中）

（7）于何原之？下原察百姓耳目之实。（非命上）

（8）女何为而得富贵而辟贫贱？（尚贤下）

（9）察此何自起？皆起不相爱。（兼爱上）

（10）病何自至哉？（鲁问）

例（6）～（10）中"何"作介词宾语。

（11）虽强劲，何益哉？（非命上）

（12）然昔吾所以贵尧舜禹汤文武之道者，何故以哉？（尚贤下）

（13）察天子之所以治天下者，何故之以也？（尚同中）

（14）此何难之有？（兼爱中）

例（11）～（14）中"何"作定语。

（15）葬埋者，人之死利也，夫何独无节于此乎？（节葬下）

（16）先生何止我攻郑也？（鲁问）

例(15)(16)中"何"作状语。

(17)其为衣裘何?（节用上）

(18)是其故何也?（天志下）

(19)察国之所以治者何也?（尚同上）

(20)今寡人问之,而子不对,何也?（非儒下）

例(18)～(20)中"何"作谓语。

2."谁"

例如:

(1)以此攻战于天下,谁敢不宾服哉?（非攻中）

(2)谁亦有处国而得罪于国君,而可为也?（天志上）

(3)夫谁独举其国以攻人之国者哉?（兼爱下）

(4)故视人之室若其室,谁窃? 视人身若其身,谁贼?（兼爱上）

(5)予之不祥者谁也? 曰:天也。不辜者谁也? 曰:人也。（天志中）

(6)然则天之所使能者谁也?（尚贤中）

(7)子谁贵于此二人?（耕柱）

(8)我将上大行,驾骥与羊,子将谁驱?（耕柱）

以上例(1)～(4)"谁"作主语,例(5)(6)"谁"作谓语,例(7)(8)"谁"作宾语。

3."孰"

例如:

(1)实为善人,孰不知?（公孟）

(2)然当今之时,天下之害孰为大?（兼爱下）

(3)若则不难。故孰为难倍?（节用上）

(4)然则孰为贵,孰为知?（天志中）

(5)孰予之不辜也? 曰天也。（天志下）

(6)刀则利矣,孰将受其不祥?（鲁问）

(7)问于若国之士,孰喜孰惧?（尚贤下）

(8)我有二子,一人者好学,一人者好分人财,孰以为太子而可?（鲁问）

"孰"主要作主语,如例(1)～(6);也可作动词的前宾语,如例(7),也可作介词的前宾语,如例(8)。

4."奚"

例如：

(1) 奚以明之？（小取）

(2) 然则奚以为治法而可？（法仪）

(3) 奚以知天之欲人之相爱相利，而不欲人之相恶相贼也？（法仪）

(4) 夫奚说人为其相杀而天与祸乎？（法仪）

(5) 我奚独不可以然也？（小取）

"奚"可作介词前宾语，如例(1)～(3)；也可作状语，如例(4)(5)。

5."恶"

例如：

(1) 夫恶有同方取不取同而已者乎？（亲士）

(2) 故圣人以治天下为事者，恶得不禁恶而劝善？（兼爱上）

(3) 狗豨犹有斗，恶有士而无斗矣？（耕柱）

(4) 焉而晏日焉而得罪，将恶避逃之？（天志上）

(5) 然即吾恶先从事即得此？（兼爱下）

(6) 恶乎考之？考先圣大王之事。（非命下）

(7) 恶乎原之？察众之耳目之请。（非命下）

(8) 吾将恶许用之？（非乐上）

(9) 子之言恶利也？（耕柱）

"恶"主要作状语，如例(1)～(4)；也可作动词宾语，如例(5)；也可作介词"乎"的宾语，如例(6)(7)；也可作定语，如例(8)(9)。

6."安"

例如：

(1) 吾安敢废此？（贵义）

(2) 天下之乱也，将安可得而治与？（非乐上）

(3) 民衣食之财将安可得乎？（非乐上）

"安"主要作状语，如例(1)～(3)。

7."胡"

例如：

(1)然胡不审稽古之治为政之说乎?（尚同下）

(2)今王公大人中实将欲治其国家,欲修保而勿失,胡不察尚贤为政之本也?（尚贤中）

(3)夫胡说中国之君子,为而不已,操而不择哉?（节葬下）

(4)翍佳人面,胡敢异心?（明鬼下）

(5)此胡自生?此自爱人利人生与?（兼爱下）

"胡"主要作状语,如例(1)~(4);也可作介词宾语,如例(5)。

8."焉"

例如:

(1)分议者延延,而支苟者詻詻,焉可以长生保国?（亲士）

(2)今王公大人将焉取挟震威强哉?（尚贤中）

(3)且焉有善而不可用者?（兼爱下）

(4)义耳义耳,焉用言之哉?（鲁问）

(5)尧舜禹汤文武焉所从事?（天志中）

"焉"主要作状语,如例(1)~(4);也可作动词宾语,如例(5)。

9."奈何"

例如:

(1)为贤之道将奈何?（尚贤下）

(2)然则兼相爱交相利之法将奈何哉?（兼爱中）

(3)用之奈何?发而为刑。（非命中）

(4)则欲同一天下之义,将奈何可?（尚同下）

(5)奈何其欲为高君子于天下,而有复信众之耳目之请哉?（明鬼下）

"奈何"主要作谓语,如例(1)~(3),也可作状语,如例(4)(5)。

10."何若"

例如:

(1)曰:顺天之意何若?曰:兼爱天下之人。（天志下）

(2)曰义正者何若?（天志下）

(3)所谓小物则知之者何若?（天志下）

(4)子观越王之志何若?（鲁问）

(5)此为何若人?（公输）

"何若"主要作谓语,如例(1)~(4),偶尔作定语,如例(5)。

11."若之何"

例如:

(1)曰:"善为政者若之何?"(耕柱)

(2)此亦乐已,若之何其谓圣王无乐也?（三辩）

"若之何"主要作谓语,如例(1),也可作状语,如例(2)。

12."何如"

例如:

齐景公问晏子曰:"孔子为人何如?"（非儒下）

"何如"主要作谓语。

13."奚若"

例如:

(1)当皆法其父母奚若?（法仪）

(2)当皆法其君奚若?（法仪）

"奚若"主要作谓语。

(二)用疑问语气词提问

《墨子》疑问句中使用的疑问语气词主要有"乎""邪""与"。其他的语气词如"也""哉""焉""为"等虽也可用于疑问句中,但都不能单独负载疑问信息,必须在疑问代词、疑问副词或疑问语气词的配合下才能表示疑问。

1."乎"

(1)用于是非问句。例如:

①鲁君为子墨子曰:"吾恐齐之攻我也,可救乎?"（鲁问）

②意不忠亲之利,而害为孝乎?（兼爱下）

③君子有斗乎?（耕柱）

④其有窃疾乎?（耕柱）

⑤予子天下而杀子之身,子为之乎?（贵义）

⑥君子服然后行乎?（公孟）

（2）用于揣度问句。例如：

①卫君无乃以石为狂乎？（耕柱）
②而君王天下之大王也，毋乃曰"贼人之所为"而不用乎？（贵义）

（3）用于反问句。例如：

①事亲若此，可谓孝乎？（非儒下）
②若使天下兼相爱，爱人若爱其身，犹有不孝者乎？（兼爱上）
③犹有大夫之相乱家、诸侯之相攻国者乎？（兼爱上）
④今翟曾无称于孔子乎？（公孟）

（4）用于选择问句。例如：

①提挈妻子，而寄托之，不识于兼之有是乎？于别之有是乎？（兼爱下）
②子墨子曰："子之义将匿邪？意将以告人乎？"（耕柱）
③君子服然后行乎？其行然后服乎？（公孟）
④意者，先生之言有不善乎？鬼神不明知乎？（公孟）

《墨子》疑问语气词使用最多的是"乎"。王力先生认为："乎"字表示纯粹反诘，是所谓是非问。"乎"又可用于反问，那是由于前面有反诘副词，或类似反诘副词的词组，并非"乎"字本身能表示反诘。① 我们通过考察《墨子》"乎"作疑问语气词的用法，认为王力先生对"乎"的用法分析是很有道理的。当"乎"用于反问句时，句子中常常有否定副词、反诘副词、比况副词等词语，句子的反问语气实际上是这些词语或上下文内容表示的，这种句子中的"乎"仍表疑问，不过疑问语气轻一些。

2."邪（也）"
（1）用于是非问句。例如：

①家既已治，国之道尽此已邪？（尚同下）
②欲以禁止大国之攻小国也，意者可邪？（节葬下）
③且其所循，人必或作之，然则其所循皆小人道也？（非儒下）（"也"通"邪"）
④子谓羊黔之守邪？（备高临）

---

① 王力：《汉语语法史》，商务印书馆，2003 年，312 页。

⑤问云梯之守邪？（备梯）
⑥意以为难而不可为邪？（兼爱下）

（2）用于反问句。例如：

①此不为兼而有之、兼而食之邪？（法仪）
②今岁凶、民饥、道饿，重其子此疲於队，其可无察邪？（七患）
③此譬之犹马驾而不税，弓张而不弛，无乃非有血气者之所不能至邪？（三辩）

（3）用于选择问句。例如：

①今未有扣，子而言，是子之谓不扣而鸣邪？是子之所谓非君子邪？（公孟）
②子之义将匿邪，意将以告人乎？（耕柱）

3．“与”
（1）用于是非问句。例如：

①此胡自生？此自爱人利人生与？（兼爱下）
②若之二士者，言相非而行相反与？（兼爱下）
③子以攻伐为不义，非利物与？（非攻下）

（2）用于反问句。例如：

①此不惟使民蚤处家，而可以倍与？（节用上）
②天下之乱也，将安可得而治与？（非乐上）
③此不令为政者，所以寡人之道数术而起与？（节用上）

（3）用于选择问句。例如：

①分名乎天下恶人而贼人者，兼与？别与？（兼爱下）
②此天下之害与？天下之利与？（兼爱下）
③吾不识孝子之为亲度者，意欲人爱利其亲与？意欲人之恶贼其亲与？（兼爱下）
④岂女为之与？意鲍为之与？（明鬼下）

4．语气词连用
《墨子》中语气词连用的有“也邪”、“乎哉”。例如：

(1)周公旦非其人也邪?（经说下）

(2)死命为上,多杀次之,身伤者为下,又况失列北桡乎哉?（非攻下）

例(1)"也"表判断语气,"邪"表疑问语气。例(2)"乎"表反问语气,"哉"表感叹语气。

（三）用疑问副词提问

《墨子》中单独使用疑问副词来发问的很少见,主要有"岂"和"敢"。例如:

(1)吾岂能为吾友之身,若为吾身?为吾友之亲,若为吾亲?（兼爱下）

(2)夫假藉之民,将岂能亲其上哉?（尚贤中）

(3)且以尚贤为政之本者,亦岂独子墨子之言哉?（尚贤中）

(4)则此岂刑不善哉?（尚同中）

(5)今国君诸侯之有四境之内也,夫岂欲其臣国万民之相为不利哉?（天志中）

(6)夫众人耳目之请,岂足以断疑哉?（明鬼下）

(7)叶公子高岂不知善为政者之远者近也,而旧者新是哉?（耕柱）

(8)穆公再拜稽首曰:"敢问神名?"曰:"予为句芒。"（明鬼下）

例(1)~(7)用副词"岂"发问,例(8)用副词"敢"发问,副词"敢"提问仅1例。

（四）不带任何疑问词语的疑问句

《墨子》中不用任何疑问词语发问的疑问句较少,仅6句。例如:

(1)今不尝观其说好攻伐之国?（非攻下）（译文:现在何不试着看看那些喜欢攻伐的国家?）

例(1)中有否定词"不",但此句显然不是表示否定的意思,据上下文内容可断定为反问句。

(2)袾子杖揖出,与言曰:"观辜,是何珪璧之不满度量?酒醴粢盛之不净洁也?牺牲之不全肥?春夏秋冬选失时?岂汝为之与?意鲍为之与?"（明鬼下）（译文:观辜,为什么珪璧达不到礼制要求的规格?酒醴粢盛不洁净?用作牺牲的牛羊不纯色不肥壮?春夏秋冬的祭献不按时?这是你干的呢?还是鲍干的呢?）

例(2)前面用疑问代词"何"提问,最后是一个选择问句,中间三个句子没有疑问标记,但从语义和结构上都是紧承上句,因此可判断为疑问句。

(3)魏越曰:"既得见四方之君,子则将先语?"子墨子曰:"凡入国,必择务而从事焉。"(鲁问)

例(3)从答语可以判定前面为问话。

二、《墨子》疑问句的分类

墨子疑问句可分为是非问句(70句)、特指问句(221句)、选择问句(23句)、揣度问句(2句)、反问句(138句)五大类。各种问句都有自己的疑问词语和使用特点。

(一)是非问句

这种问句主要是由疑问语气词"乎""与""邪"来发问。例如:

(1)此可谓知义与不义之别乎?(非攻上)
(2)意将以为利天乎?(非攻下)
(3)鬼神不明乎?(公孟)
(4)我毋俞于人乎?(耕柱)

例(1)~(4)用疑问语气词"乎"来发问。

(5)故唯毋以圣王为聪耳明目与?(尚同下)
(6)然即之交别者,果生天下之大害者与?(兼爱下)
(7)此自恶人贼人生与?(兼爱下)
(8)夫有命者,不志昔也三代之圣善人与?(非命中)

例(5)~(8)用疑问语气词"与"来发问。

(9)国既已治矣,天下之道尽此已邪?(尚同下)
(10)然则崇此害亦何用生哉?以不相爱生邪?(兼爱中)
(11)然则今之鲍函车匠皆君子也,而羿、伃、奚仲、巧垂皆小人邪?(非儒下)
(12)问穴土之守邪?(备穴)
(13)桀纣不以其无天下之士邪?(亲士)

例(9)~(13)使用疑问语气词"邪"来发问。

（二）特指问句

这种问句主要由疑问代词"何""谁""孰""奚""恶""安""焉""胡""奈何"等来提问。这种问句句末可带语气词，也可不带语气词。例如：

（1）何以知其然乎？（尚贤下）

（2）然而天何欲何恶者也？（法仪）

（3）故民衣食之财，家足以待旱水凶饥者何也？（辞过）

（4）夫奚说人为其相杀而天欲祸乎？（法仪）

（5）然则是谁顺天意而得赏者？谁反天意而得罚者？（天志上）

（6）亦孰为闻见鬼神有无之物哉？（明鬼下）

（7）孰为大人之听治而废国家之从事？曰：乐也。（非乐上）

（8）为义孰为大务？（耕柱）

（三）选择问句

选择问句可分为列项选择问句和指定范围的选择问句。列项选择问句主要用疑问语气词"乎""与"表示。吕叔湘在谈到选择问句时曾经说道："文言里的抉择是非问句差不多必用语气词，并且多数是上下都用。"①

《墨子》选择问句显然符合这个规律，句末可以是两个相同的疑问语气词，如下引例（1）（2）（3）（6），也可以是两个不同的疑问语气词，如下引（4）（5）。这种选择问句的疑问语气主要是句末疑问语气词表达的，因此选择项之间的连词"意"可有可无。

1. 列项选择问句

列项选择问句主要由句末语气词来表示的，例如：

（1）君子服然后行乎？其行然后服乎？（公孟）

（2）然即之交孝子者，果不得已乎？毋先从事爱利人之亲者与？意以天下之孝子为遇，而不足以为正乎？（兼爱下）

（3）夫有命者，不志昔也三代之圣善人与？意亡昔三代之暴不肖人也？（非命中）

（4）然今夫有命者，不识昔也三代之圣善人与，意亡昔三代之暴不肖人与？（非命下）

例（1）是"……乎？……乎？"的格式，例（2）是"……与？……乎？"的格式，例（3）是"……与？……也？"的格式，例（4）是"……与？……与？"的格式。

---

① 吕叔湘：《中国文法要略》，商务印书馆，1982年，285页。

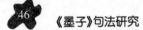

2. 指定范围的选择问句

指定范围的选择问句主要由疑问代词"孰"或固定结构"孰与"来提问。例如:

(1)智与粟孰多?（经下）

(2)我有是人也,与无是人也,孰愈?（节葬下）

(3)行为人篪者与处而不出者,其糈孰多?（公盂）

(4)教人耕,与不教人耕而独耕者,其功孰多?（鲁问）

(5)若有患难,则使百人处于前,数百于后,与妇人数百人处前后,孰安?（贵义）

(6)鬼神孰与圣人明智?（耕柱）

例(1)～(5)是"A 与 B 孰……"的格式(A 与 B 是比较项,"孰"后是形容词)。例(1)中比较项 A 与 B 都是名词,例(2)(3)(4)中比较项 A 与 B 都是动宾短语,这种问句句末都不带语气词。例(3)(4)"孰"前有先行词"其糈""其功"。例(5)比较前项是动宾短语,比较后项是主谓短语。例(1)～(5)"孰"后是单音节形容词。例(6)是"A 孰与 B ……"的格式(A 与 B 是比较项,"孰"后是形容词)。例(6)"孰"后是复音节形容词。

(四)揣度问句

揣度问句也叫委婉问句。《墨子》中这种问句很少见,仅 2 句,这种问句经常用"无（毋）乃"配合疑问语气词来帮助发问,例如:

(1)卫君无乃以石为狂乎?（耕柱）

(2)而君王天下之大王也,毋乃曰"贼人之所为"而不用乎?（贵义）

(五)反问句

《墨子》中的反问句可分为三类:一类是由疑问代词"何""奚""胡""恶""安""焉"等来帮助提问,句末常有"也""哉"等语气词配合使用。二类是由反诘副词"岂"来表示,因反问句语气较为强烈,故此类问句句末都有表感叹的语气词"哉"配合使用,《墨子》中单独使用"岂"来发问的句子仅 1 例。三类是由疑问语气词"乎""与""邪"来帮助提问,这类反问句大多有标志性词语,如"不""非"等否定词或"况""犹"等副词。

1. 由疑问代词"何""奚""胡"等来帮助提问

例如:

(1)虽强劲,何益哉?（非命上）

(2)恶有处家而得罪于家长而可为也?（天志上）

(3)然则胡不尝考之诸侯之传言流语乎?（非命中）

(4)然胡不审稽古之治为政之说乎?(尚同下)

(5)民衣食之财将安可得乎?(非乐上)

(6)污邪诈伪,孰大于此?(非儒下)

例(1)～(6)由疑问代词"何""胡""安"等来帮助提问,句末常有"也""哉""乎"等语气词配合使用。

2.由反诘副词"岂"来帮助发问

例如:

(1)然则儒者之知,岂有以贤於婴儿者哉?(公孟)

(2)岂独吾父哉?(公孟)

(3)今子非国士也,岂能成学又成射哉?(公孟)

(4)王子闾岂不仁哉?(鲁问)

(5)故虽上世之圣王,岂能使五谷常收,而旱水不至哉?(七患)

(6)则此岂非天下利事也哉?(明鬼下)

例(1)～(6)用反诘副词"岂"来帮助发问,句末有语气词"哉"配合使用。

3.由疑问语气词"乎""与""邪"来帮助提问

例如:

(1)今翟曾无称于孔子乎?(公孟)

(2)以攻伐之为不义,非利物与?(非攻下)

(3)此不惟使民蚤处家,而可以倍与?(节用上)

(4)意独子墨子有此,而先王无此其有邪?(尚同下)

例(1)(2)(3)(4)用疑问语气词"与""乎"来发问,句中常用"不(非)……与(乎)"的格式。

《墨子》疑问词语与疑问句统计总表见表3-1:

表 3-1　《墨子》疑问词语与疑问句统计总表

疑问词语		是非问		特指问		选择问		揣度问	反问	总计
		询问	设问	询问	设问	询问	设问			
疑问语气词	乎	24	26			2	3	2	16	73
	邪(也)	5	7							12
	与	3	5			2	7		4	21
	也邪								1	1
	乎哉								1	1
疑问代词	何(盍)			21	134				23	178
	谁			2	13				9	24
	孰			6	9	8	1		3	27
	奚			2	2				7	11
	胡			2	1				5	8
	恶				7				9	16
	安								4	4
	焉				3				7	10
	奈何				12				1	13
	何如			1						1
	何若			4	2					6
	若之何			1						1
疑问副词	岂								51	51
	敢								1	1
总计		32	38	39	183	12	11	2	142	459

　　由表 3-1 可知:从疑问词语的使用上看,使用疑问代词(包括与语气词配合使用的)来提问的最多,其中,使用"何"最多,配合语气词使用最多的是"也";其次是疑问语气词的使用,其中"乎"使用最多;用疑问副词来提问的最少。

　　从句型上看,特指问句最多,反问句其次,揣度问句最少。

　　从疑问词语与疑问语气的对应关系上看,疑问代词主要与特指问与反问语气相对应(仅"孰"可表选择问),疑问语气词可与是非问、选择问、揣度问、反问语气相对应,疑问副词仅与反问语气相对应。

三、《墨子》疑问句的特点

根据问话是否出现在对话中,是否需要对方回答,又可以把《墨子》疑问句分为询问句、设问句及反问句三大类。询问句是真正的疑问句,是有疑而问,常出现在对话中,一般都有对方的回答;设问句是作者自问自答,常出现在作者的论辩中;反问句是无疑而问,无须回答,既出现于对话中,又出现于作者的论说中。《墨子》疑问句的类型如表3-2:

表3-2 《墨子》疑问句式分布类型表

询问句(有疑而问)	反问句(无疑而问)	设问句(自问自答)	总计
89	138	232	459

由表3-2可知《墨子》疑问句中使用最多的是设问句,共232句,占问句总量的51%。其次是反问句,《墨子》中的反问句共138句,占问句总量的30%。真正有疑而问的询问句最少,89例,占19%。

(一)反问句的使用

反问句是无疑而问,寓答案于问句之中。《墨子》为论说体,使用反问句可以畅快淋漓地表达其思想,弘扬其精神,同时又显示出气势凌厉的行文风格。

黄伯荣、廖序东说:"反问也是无疑而问,明知故问,又叫'激问'。但它只问不答,把要表达的确定意思包含在问句里。""同平铺直叙的表达比较起来,反问这种说法语气强烈,加重了语言的力量,能激发读者的感情,给读者造成深刻的印象。"①从表达语气方面看,设问和反问都是"无疑而问"或"明知故问"。不同的是,设问的基本特点是自问自答,反问的基本特点是问而不答。从表达方法上看,设问和反问都属于修辞手法,它们要达到的目的是使语言更生动、更形象、更有感染力,更有激奋人心的效果。

反问一般用在确定无疑,无可置辩的逻辑推理之中,使文章条分缕析,文理谨严,富于极大的感染力。例如:

今有人于此,入人之场园,取人之桃李瓜姜者,上得且罚之,众闻则非之。是何也?曰:不与其劳,获其实,已非其有所取之故。而况有踰于人之墙垣,担格人之子女者乎?与角人之府库,窃人之金玉蚤累者乎?与踰人之栏牢,窃人之牛马者乎?而况有杀一不辜人乎?(天志下)

① 黄伯荣、廖序东:《现代汉语(增订版)》,高等教育出版社,1991年,291~292页。

墨子喜欢连续使用几个反问来畅快淋漓地表达其论旨,弘扬其思想,连用反问表达了墨子如泉涌、如雨注的激越文思及其气势凌厉的行文风格。

《墨子》中还常常有反问句的间隔使用。例如:

乡长固乡之贤者也,举乡人以法乡长,夫乡何说而不治哉?察乡长之所以治乡者,何故之以也?曰:唯以其能一同其乡之义,是以乡治。……国君固国之贤者也,举国人以法国君,夫国何说而不治哉?察国君这所以治国而国治者,何故之以也?曰:唯以其能一同其国之义,是以国治。……天子者,固天下之仁人也,举天下之万民以法天子,夫天下何说而不治哉?察天子之所以治天下者,何故之以也?曰:唯以其能一同天下之义,是以天下治。(尚同中)

在这里墨子运用反问和设问反复叠用的方法进行层层深入的论述,由"乡"及"国",由"国"及"天下",以阐明"尚同"之意。自下达上,往复明之,层迭推之,论旨鲜明,句法整练,论述精确。反问和设问交相使用,往往更能表达作者文笔酣畅的风格和错落有致,铿锵有力的特点,增强了论辩的威力和分量。

(二)设问句的使用

《墨子》设问句用量很大,占问句总量的51%,主要出现在《尚贤》《尚同》《兼爱》《非攻》《节用》《节葬》《天志》《非命》《非乐》等篇章中。这些篇章的内容以议论、说理为主,其中的问句全部表现为无疑而问的设问和反问的形式,无一例真正有疑而问的询问句。根据清代学者孙诒让[①]和现代墨学新秀徐希燕的观点[②],这些篇章基本上为墨子自著,能显示墨子的行文特点。设问句自问自答,承上启下,引人注意,启发思考,体现了《墨子》文章具有很强的说理性与思辨性。

《墨子》中虽然使用了大量的设问句,但设问句的形式灵活多样,富于变化,因此并不使人感到单调枯燥。《墨子》设问句的形式主要有:

1.单问单答
例如:

(1)问于若国之士,孰喜孰惧?我以为必忠信之士喜,不忠不信之士惧。(尚贤下)
(2)欲以众人民,意者可邪?其说又不可矣。(节葬下)
(3)分名乎天下爱人而利人者,别与?兼与?即必曰兼也。(兼爱下)

设问句的类型包括特指型设问句,如例(1),是非型设问句,如例(2),选择型设问句,

① [清]孙诒让撰,孙启治点校:《墨子闲诂》,中华书局,2001年,1页。
② 徐希燕:《〈墨子〉其书及其研究价值》,《松辽学刊(哲学社会科学版)》2000年第5期。

如例（3）。设问句常常用于议论、说理中启发读者思考，引起注意，使语言层次分明。

2. 问而不答

例如：

《墨子》中的设问句绝大多数都是有回答的，但也有一些没有回答，这种设问也被叫作隐答型设问。问而不答或者因为答案是自明的，无须回答，或者答案蕴含在语境之中。例如：

(1) 木与夜孰长？智与粟孰多？爵、亲、行、价，四者孰贵？（经说下）

(2) 又曰："君子循而不作。"应之曰：古者羿作弓，伃作甲，奚仲作车，巧垂作舟；然则今之鲍、函、车、匠皆君子也，而羿、伃、奚仲、巧垂皆小人邪？（非儒下）

问而不答的设问句的作用也是启发读者思考，并且必须循着询问的方向思考，而不能异向思考。[1]

3. 两问一答

例如：

(1) 此胡自生？此自爱人利人生与？即必曰非然也，必曰从恶人贼人生。（兼爱下）

(2) 然则崇此害亦何用生哉？以不相爱生邪？子墨子言：以不相爱生。（兼爱中）

这种形式的设问句往往先由一个特指型的问句提问，接着以一个猜度性的是非型问句提供备选答案，最后是肯定或否定的回答。这种设问句更加具有引导性，使读者朝着作者提供的方向思考，并循序渐进地得出答案。

4. 两问两答

例如：

(1) 然则是谁顺天意而得赏者？谁反天意而得罚者？子墨子言曰：昔三代圣王禹汤文武，此顺天意而得赏者，昔三代之暴王桀纣幽厉，此反天意而得罚者也。（天志上）

(2) 杀不辜者谁也？则人也。予之不祥者谁也？则天也。（天志上）

(3) 曰：然女何为而得富贵而辟贫贱？莫若为贤。为贤之道将奈何？曰：有力者疾以助人，有财者勉以分人，有道者劝以教人。（尚贤下）

两问两答的设问句句式灵活，可以是连问连答式，如例（1）；也可以是问答并列式，如例（2）（3）。可用于表现两种情况的对比，使读者印象更为深刻，如例（1）表示"赏罚对

比",例(2)表示"天人对照";也可用来表示论述的推进,如例(3)从推究原因深入到论述方法。

5. 多问多答

例如:

(1)吾不识孝子之为亲度者,亦欲人爱利其亲与? 意欲人之恶贼其亲与? 以说观之,即欲人之爱利其亲也。然即吾恶先从事即得此? 若我先从事乎爱利人之亲,然后人报我爱利吾亲乎? 意我先从事乎恶人之亲,然后人报我以爱利吾亲乎? 即必吾先从事乎爱利人之亲,然后人报我以爱利吾亲也。然即之交孝子者,果不得已乎毋先从事爱利人之亲者与? 意以天下之孝子为遇,而不足以为正乎? 姑尝本原之先王之所书《大雅》之所道曰:"无言而不雠,无德而不报。投我以桃,报之以李。"(兼爱下)

(2)曰:天之所欲者何也? 所恶者何也? 天欲义而恶其不义者也。何以知其然也? 曰:义者,正也。何以知义之为正也? 天下有义则治,无义则乱,我以此知义之为正也。(天志下)

墨子善于在说理中间层层设问,将论述层层推进,形成波澜,使论述步步深入。如例(1)连续使用3个复杂的选择型设问论述"孝子爱利其亲"的问题,从"孝子希望别人爱利其亲"到"孝子应先爱利他人之亲",进而阐述"兼爱"之意。而例(2)由4个特指型设问展开层层深入的论述。不同类型的设问句交替使用,使文章既整齐有序,又富于变化,同时表现了作者缜密的思维,极强的逻辑性,具有强烈的表现力和感染力。

6. 排比式设问句

例如:

然则何以知天之爱天下之百姓? 以其兼而明之。何以知其兼而明之? 以其兼而有之。何以知其兼而有之? 以其兼而食焉。何以知其兼而食焉? 曰:四海之内,粒食之民,莫不犓牛羊,豢犬彘,洁为粢盛酒醴,以祭祀于上帝鬼神。(天志上)

这段话提问与答语都使用了排比句式,句法整饬,而提问的内容又逐层深入,环环相扣,引人入胜,显示了墨子清晰的文思和驾驭语言文字的高超技能。

7. 反问式设问句

例如:

若使天下兼相爱,爱人若爱其身,犹有不孝者乎? 视父兄与君若其身,恶施不孝? 犹有不慈者乎? 视弟子与臣若其身,恶施不慈? 故不孝不慈亡有。犹有盗贼乎? 故视人之室若其室,谁窃? 视人身若其身,谁贼? 故盗贼亡有。犹有大夫之相乱家、诸侯之相攻国者乎? 视人家若其家,谁乱? 视人国若其国,谁攻? 故大夫之相乱家、诸侯之相攻国者亡

有。（兼爱上）

　　这段连续使用的问句十分有特色，整段话由三个排比式设问句组成："若使天下兼相爱，爱人若爱其身，犹有不孝者乎？……犹有盗贼乎？……犹有大夫之相乱家、诸侯之相攻国者乎？"这三个设问句在内容上层层深入，而每一层内部，又以四个或三个反问句充当设问，后面是否定回答。由于反问句本身包含了确定无疑的答案，对于带有回答的反问句，人们有不同看法。对于现代汉语中的这类现象，于根元先生认为是"自问自答"的"反问句"，[①]李富林将这种问句称为"反问式设问句"。[②]《墨子》中这种用法不是偶然的，可见，这种问句形式在汉语中早已存在，是设问句的一种特殊表现形式。反问和设问这两种修辞手法相结合使用能加强语气和语势，使文章具有很强烈的表现力，同时显示出不容辩驳的鲜明情态，气势磅礴，令人信服，其雄辩之才跃然纸上。

　　8. 以设问回答设问

　　如：

　　然即兼之可以易别之故何也？曰：藉为人之国若为其国，夫谁独举其国以攻人之国者哉？为彼者由为己也。为人之都若为其都，夫谁独举其都以伐人之都者哉？为彼犹为己也。为人之家若为其家，夫谁独举其家以乱人之家者哉？为彼犹为己也。然即国都不相攻伐，人家不相乱贼，此天下之害与？天下之利与？即必曰天下之利也。姑尝本原若众利之所自生，此胡自生？此自恶人贼人生与？即必曰非然也。必曰从爱人利人生。分名乎天下爱人而利人者，别与？兼与？即必曰兼也。然即之交兼者，果生天下之大利者与？是故子墨子曰："兼是也。"（兼爱下）

　　这段话连用八个自问自答的设问来回答第一个问题，"然即兼之可以易别之故何也？"以设问提出话题，以设问展开论述。首先用三个反问式设问论述"国都不相攻伐，人家不相乱贼"，接着以一个选择型设问指出"此天下之利也"，然后连用特指型设问及选择型设问阐明这种"利"来源于"兼爱"，最后以肯定的回答"兼是也"总结全段，照应开头。以设问回答设问，是设问修辞格的另一种特殊表现形式。它们较之于一般的肯定或否定的回答，更富感情，更有力量，更能引起读者的注意。从这段文字来看，墨子运用设问真可谓达到炉火纯青的地步，不仅能够连用设问，而且还能自如地变换句式，反问式设问、选择型设问、特指型设问交替使用，使文章既显示了凌厉的气势，又充满变化的美感。

　　除了设问句的一般作用外，《墨子》设问句在篇章中还具有提出话题和推进话题的作用。墨子喜欢在篇首以设问提出话题，领起下文。如《兼爱上》开篇云：

------

　　①　于根元：《反问句的性质和作用》，《中国语文》1984 年第 6 期。

　　②　李富林：《反问式设问》，《修辞学习》1997 年第 3 期。

圣人以治天下为事者也,不可不察乱之所自起。当察乱何自起? 起不相爱。

接下直至结尾全部由这个设问句推衍开来,首尾一致,照应周密。此外,墨子也常常在说理中间层层设问,将论述层层推进。例如:

然则富贵为贤以得其赏者,谁也? 曰:若昔者三代圣王尧舜禹汤文武者是也。……然则富贵为暴以得其罚者,谁也? 曰:若昔者三代暴王桀纣幽厉者是也。……然则亲而不善以得其罚者,谁也? 曰:若昔者伯鲧……然则天之所使能者,谁也? 曰:若昔者禹稷皋陶是也。……(尚贤中)

第三节　祈使句

祈使句是命令或请求对方做或不做某件事情的句子。祈使句常常出现在对话中。由于《墨子》一书主要是说理或论辩,对话出现较少,祈使句也不多,仅5句。例如:

(1)孔某曰:"来! 吾语女。"(非儒下)

(2)上乡! (耕柱)

(3)子墨子曰:"姑学乎! 吾将仕子。"(公孟)

(4)子墨子说,而召子禽子曰:"姑听此乎!"(耕柱)

(5)神曰:"无惧!"(明鬼下)

例(1)～(4)是要求对方做某事,即命令请求句;例(5)是要求对方不做某事,即禁止劝阻句。例(1)(2)祈使句中没有副词或句末语气词作标志,例(1)用单独一个动词表示命令,例(2)表示请求、希望。例(3)(4)句首都用了表示祈使语气的副词"姑",句末用语气词"乎"与之配合。例(5)使用否定副词"无"表示劝阻。

第四节　感叹句

感叹句是表达喜怒哀乐惧等感情的句子。《墨子》中的感叹句大多是有标志的感叹句,如句首有感叹词、句中有副词或句末有语气词等,也有的是主谓倒装表示感叹,也有不用词语标志或倒装形式的感叹句。感叹句基本上都用于对话中。共25句。例如:

(1)乃言曰:"呜乎!"(非乐上)

（2）曰："恶乎君子!"（非命下）

（3）曰："敬哉!"（非命中）

（4）楚王曰："善哉! 吾请无攻宋矣。"（公输）

（5）曰："乡矣!"（耕柱）

（6）告子贡曰："赐乎! 举大事于今之时矣!"（非儒下）

（7）子姑亡,子之身乱之矣!（公孟）

（8）子墨子曰："伤矣哉!"（耕柱）

（9）君子笑之,怒曰："散人,焉知良儒!"（非儒下）

（10）子墨子曰："焉在矣来!"（鲁问）

（11）王子闾曰："何其侮我也!"（鲁问）

（12）子墨子曰："……岂不悖哉!"（耕柱）

（13）夫假藉之民,将岂能亲其上哉!（尚贤中）

（14）程子曰："甚矣! 先生之毁儒也。"（公孟）

以上是有词语标志的感叹句。例（1）感叹词独立成句,例（2）感叹词位于句首,都表示感慨。例（3）（4）句末有语气词"哉"表示感叹语气,分别是单音节动词、形容词作谓语。例（3）表示感慨,例（4）表示赞叹的语气。例（5）（6）（7）句末有语气词"矣"表示感叹语气。例（5）表示尊敬,例（6）表示慨叹,例（7）表示谴责。例（8）谓语是单音节形容词,句末语气词"矣哉"连用,表示叹息、痛惜等复杂的语气。例（9）（10）（11）句中分别有副词"焉""何其"等表示感叹语气,这几例表示愤怒。例（12）（13）反诘副词"岂"与句末感叹语气词"哉"配合使用,表示较为强烈的感叹语气和对事物、情况判断的肯定语气。例（14）用主谓倒置的方式表示强调和不满,句末还有语气词"矣"配合表示感叹语气。

（15）子墨子曰："迷之!"（公孟）

（16）公曰："善!"（非儒下）

（17）试其士曰："越国之宝尽在此!"（兼爱中）

（18）污邪诈伪,孰大于此!（非儒下）

（19）故染不可不慎也!（所染）

（20）恶有处家而得罪于家长而可为也!（天志上）

（21）泰山!（兼爱中）

以上是没有词语标志的感叹句。但根据上下文意可以判断出是感叹句。如例（15）是墨子的感叹之语,大意是"迷惑呀!",例（16）单用一个形容词表示喜悦的感情。例（17）表振奋的感情,例（18）用比较的形式来表示极端愤慨之意。例（19）用"不……不……"双重否定的形式表示慨叹。例（20）是反诘副词"恶"引导的反问句式,表达较为强烈的愤慨语气。例（21）表示慨叹。

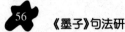

小结:从句子表达的语气来看,《墨子》中的句类主要包括陈述句、疑问句、祈使句和感叹句。由于《墨子》一书主要是说理或论辩,对话出现较少,因此祈使句和感叹句都不多。《墨子》中大量使用的是疑问句,尤其是设问句和反问句。设问句自问自答,承上启下,引人注意,启发思考,体现了《墨子》文章具有很强的说理性与思辨性。《墨子》为论说体,使用反问句可以畅快淋漓地表达其思想,弘扬其精神,同时又显示出气势凌厉的行文风格。

第四章　并列复句和对比复句

第一节　并列复句

据我们粗略统计,《墨子》一书共有复句 2626 个,其中并列复句 238 个,占 9%。本章统计的并列复句不包括《墨子》引用其他典籍中的并列复句及包含在其他偏正复句中的并列复句。本文主要考察单重并列复句,即只有一个层次的并列复句。两个层次及以上的复句,内部关系也应该是并列关系才在我们的统计范围内。《墨子》中这样的情况比较少见。其他关系复句的并列或连续出现,如几个并列的假设复句、转折复句、因果复句、按断复句等不在本章考察范围内。"并列复句的几个分句并行组合,叙说相关的几件事物或同一事物相关的几个方面,其顺序可以颠倒而文意基本不变。"[①]

《墨子》并列复句可以根据是否使用关联词语来分类,包括不用任何关联词语,靠分句之间的关系意合而成,也可以在后分句使用副词或连词等关联词语,也可以两个分句都使用关联词语。

1. 用意合法

这是《墨子》并列复句最主要的形式,共 215 例。如:

(1)是故偏臣伤君,谄下伤上。(亲士)
(2)当是之时,坚车良马不知贵也,刻镂文采不知喜也。(辞过)
(3)有本之者,有原之者,有用之者。(非命上)

2. 仅后分句使用关联词语

关联词语主要有连词"而",14 例;副词"亦",3 例。如:

(1)得其所以自养之情,而不感于外也。(此过)
(2)凡里之万民,皆尚同乎乡长,而不敢下比。(尚同中)

---

① 白兆麟:《〈盐铁论〉句法研究》,商务印书馆,2003 年,43 页。

（3）尚同为政之本，而治要也。（尚同下）

（4）我何故疾者之不拂，而不疾者之拂？（耕柱）

（5）爱人利人以得福者有矣，恶人贼人以得祸者亦有矣。（法仪）

（6）意若闻见善不以告其上，闻见不善亦不以告其上。（尚同中）

（7）客卒守主人，及其为守卫，主人亦守客卒。（号令）

3. 前后分句都使用关联词语

关联词语主要有"则……，则……"，5 例；"已……，亦……"，1 例。如：

（1）嘿则思，言则诲，动则事。（贵义）

（2）春则废民耕稼树艺，秋则废民获敛。（非攻中）

（3）言则称于汤文，行则譬于狗豨。（耕柱）

（4）大则攻小也，强则侮弱也，众则贼寡也，诈则欺愚也，贵则傲贱也，富则骄贫也，壮则夺老也。（天志下）

（5）其所赏者已无故矣，其所罚者亦无罪。（尚贤下）

《墨子》并列复句还可以根据分句谓语的构成来分类，把并列复句分为六类：分句谓语为动词性词语；分句谓语为形容词性词语；分句谓语为名词性词语；分句谓语为代词性词语；分句谓语为数量词语；其他。

一、分句谓语为动词性词语

共 198 例。根据分句有无主语，可以分为三种情况：分句无主语或主语未出现；两个或几个分句主语不同；两个或几个分句共一主语。

（一）分句无主语或主语未出现

根据谓语的结构形式，可以分为以下几种情况。

1. 分句谓语为述宾结构

例如：

（1）是以食必粱肉，衣必文秀。（非乐上）

（2）是故偪臣伤君，谄下伤上。（亲士）

（3）是故出政施教，赏善罚暴。（非命下）

（4）入其国家边境，芟刈其禾稼，斩其树木，堕其城郭以湮其沟池，攘杀其牲牷，燔溃其祖庙，劲杀其万民，覆其老弱，迁其重器。（非攻下）

（5）有本之者，有原之者，有用之者。（非命上）

（6）尚同乎其上，而毋有下比之心。（尚同中）

（7）不极五味之调、芬香之和，不致远国珍怪奇物。（节用中）

（8）于西土，不为大国侮小国，不为众庶侮鳏寡，不为暴势夺人黍稷狗彘。（兼爱中）

（9）则皆以疑惑鬼神之有与无之别，不明乎鬼神之能赏贤而罚暴也。（明鬼下）

（10）细计厚葬为多埋赋之财者也，计久丧为久禁从事者也。（节葬下）

（11）故当是时，以德就列，以官服事，以劳殿赏，量功而分禄。（尚贤上）

（12）饰车以文采，饰舟以刻镂。（辞过）

（13）有谏人，有利人，有恶人，有善人，有长人，有谋士，有勇士，有巧士，有使士。（襍守）

例（1）动词与宾语之间有副词"必"，例（2）（3）并列复句的两个分句内部又是紧缩并列结构，例（4）是由九个分句组成的并列复句，例（5）动词是存现动词"有"，其宾语是个述宾词组。例（6）～（11）分句谓语前分别有副词"不""毋""皆"，形容词"细"，介宾词组"以类"等作状语。例（6）两个分句之间用"而"连接。例（8）（9）（10）动词的宾语均为主谓短语构成的复杂结构。例（12）动宾结构后面有介宾词组构成的补语。例（13）并列复句包含结构相同的九个分句。

2. 分句谓语为偏正结构

例如：

以类取，以类予。（小取）

上引例中动词前有介宾词语作状语。

3. 分句谓语为兼语结构

例如：

（1）必使饥者得食，寒者得衣，劳者得息，乱者得治。（非命下）

（2）春则废民耕稼树艺，秋则废民获敛。（非攻中）

例（1）动词为"使"，例（2）动词为"废"，都属于使令式兼语句。

4. 分句谓语为连动结构

例如：

岂能一视而通见千里之外哉，一听而通闻千里之外哉。（尚同下）

上引例中连动结构的两个动词"视"与"见"、"听"与"闻"之间是手段与目的的关系。

(二) 两个或几个分句主语不同

根据分句的谓语构成,可以分为以下几种情况。

1. 分句谓语不带宾语

例如:

(1) 爱人利人以得福者有矣,恶人贼人以得祸者亦有矣。(法仪)

(2) 是以甘井近竭,招木近伐,灵龟近灼,神蛇近暴。(亲士)

(3) 丧师多不可胜数,丧师尽不可胜计,则是鬼神之丧其主后亦不可胜数。(非攻中)

例(1)分句主语是个复杂的述宾结构,"爱人利人"为并列的动宾结构,其后带有补语"以得福者"。例(2)分句的主语都是受事。例(3)分句的主语是主谓短语。

2. 分句谓语为偏正结构

例如:

(1) 故食不可不务也,地不可不力也,用不可不节也。(七患)

(2) 名不徒生,而誉不自长。(修身)

(3) 名不可简而成也,誉不可巧而立也。(修身)

(4) 藏于心者无以竭爱,动于身者无以竭恭,出于口者无以竭驯。(修身)

例(1)主语和谓语之间插入了否定词和助动词"不可不",例(2)(3)副词"不徒""不自"修饰谓语动词,例(4)固定词组"无以"修饰谓语动词。

3. 分句谓语为述宾结构

例如:

(1) 古者羿作弓,伃作甲,奚仲作车,巧垂作舟。(非儒下)

(2) 是故上者天鬼富之,外者诸侯与之,内者万民亲之,贤人归之。(尚贤中)

(3) 是以东者越人夹削其壤地,西者齐人兼而有之。(非攻中)

(4) 大不攻小也,强不侮弱也,众不贼寡也,诈不欺愚也,贵不傲贱也,富不骄贫也,壮不夺老也。(天志下)

(5) 君必有弗弗之臣,上必有詻詻之下。(亲士)

例(1)(2)(3)为简单的动宾结构,例(4)为否定形式,动词前有否定词"不"修饰。例(5)动词前有副词"必"作状语。

(6) 治天下之国若治一家,使天下之民若使一夫。(尚同下)

(7)视人之国若视其国,视人之家若视其家,视人之身若视其身。(兼爱中)

(8)周成王之治天下也,不若武王;武王之治天下也,不若成汤;成汤之治天下也,不若尧舜。(三辩)

以上例(6)(7)(8)分句的主语、宾语都是复杂的结构,谓语都是动词"若"。例(6)(7)分句的主语和宾语都是动宾结构,例(8)分句的主语是个"之"字结构,是主谓短语。

4.分句谓语为述补结构

例如:

(1)舜染于许由、伯阳,禹染于皋陶、伯益,汤染于伊尹、仲虺,武王染於太公、周公。(所染)

(2)行义不可明于民,谋虑不可通于君臣。(非儒下)

(3)有力者疾以助人,有财者勉以分人,有道者劝以教人。(尚贤下)

(4)贪于政者不能分人以事,厚于货者不能分人以禄。(尚贤中)

例(1)(2)分句的动词后面是介词"于"引进的介宾词组作补语,例(2)两个分句的主语都是动宾短语,谓语动词前有"不可"作状语;例(3)(4)分句的主语也是动宾短语,分句的动词后面由介词"以"引进的介宾词组作补语。

5.分句谓语为双宾语结构

例如:

一谷不收谓之馑,二谷不收谓之旱,三谷不收谓之凶,四谷不收谓之馈,五谷不收谓之饥。(七患)

上引例中包含五个分句,分句的主语是主谓结构,谓语是双宾结构,动词是有告示义的"谓"。

6.分句谓语为连动结构

例如:

(1)是以其民淫僻而难治,其君奢侈而难谏也。(辞过)

(2)是以其民俭而易治,其君用财节而易赡也。(辞过)

例(1)(2)并列复句由两个分句组成,分句的主语不同,谓语是由连词"而"连接的连谓结构,前一个谓语由形容词充当,后一个谓语是动词。两个谓词之间是原因和结果的关系。

7. 分句谓语为主谓谓语句

例如：

（1）治于神者，众人不知其功；争于明者，众人知之。（公输）

（2）志不强者智不达，言不信者行不果。（修身）

例（1）前一个分句中"其"指代大主语，在主谓短语里作定语；后一个分句的"之"指代大主语，在主谓结构中作宾语。例（2）两个分句的小主语前都省略了"其"，即"志不强者其智不达，言不信者其行不果。""其"指代大主语。

（三）两个或几个分句共一主语

根据分句的谓语构成，可以分为以下几种情况。

1. 分句谓语为偏正结构

例如：

夫辞，以故生，以理长，以类行也者。（大取）

2. 分句谓语为述宾结构

例如：

（1）是以民皆劝其赏，畏其罚，相率而为贤。（尚贤中）

（2）是故里长顺天子政，而一同其里之义。（尚同中）

（3）夫辩者，将以明是非之分，审治乱之纪，明同异之处，察名实之理，处利害，决嫌疑。（小取）

（4）其事上尊天，中事鬼神，下爱人。（天志上）

（5）是故昔者三代之暴王，不缪其耳目之淫，不慎其心志之辟，外之驱聘田猎毕弋，内沈于酒乐，而不顾其国家百姓之政。（非命中）

（6）子深其深，浅其浅，益其益，尊其尊。（大取）

（7）凡乡之万民，皆上同乎国君，而不敢下比。（尚同中）

例（1）包含三个分句，主语都是"民"，第三个分句动词前有状语。例（2）两个分句之间用连词"而"连接。例（3）由五个并列的分句组成。例（4）的主语是代词"其"，分句的谓语前有方位名词作状语。例（5）五个并列的分句谓语动词前都有否定词"不"或方位名词"外""内"作状语。例（6）形容词"深""浅""益""尊"活用作动词，作谓语。例（7）两个分句之间用连词"而"连接。

3.分句谓语为述补结构

例如：

（1）且帝以甲乙杀青龙于东方，以丙丁杀赤龙于南方，以庚辛杀白龙于西方，以壬癸杀黑龙于北方。（贵义）

（2）百工为方以矩，为圆以规，直以绳，正以悬。（法仪）

例（1）分句的动词前有"以"引导的介宾结构作状语，动词后有"于"引导的介宾结构作补语，例（2）分句的动词后有"以"引导的介宾短语作补语。

4.分句谓语为双宾语结构

例如：

故古圣王高予之爵，重予之禄，任之以事，断予之令。（尚贤中）

5.分句谓语为连动结构

例如：

（1）知者之事，必计国家百姓所以治者而为之，必计国家百姓之所以乱者而辟之。（尚同下）

（2）圣王不往而视也，不就而听也。（尚同下）

例（1）（2）并列复句有两个分句，分句的两个动词之间有时间先后关系，例（2）分句的前一个动词是否定形式，后一个动词是肯定形式，在意义上有转折关系。

二、分句谓语为形容词性词语

分句谓语为形容词的并列复句，分句的主语都不相同。共14例。例如：

（1）其力时急，而自养俭也。（七患）

（2）其生财密，其用之节也。（七患）

（3）其然也同，其所以然不必同。（小取）

（4）为人君必惠，为人臣必忠，为人父必慈，为人子必孝，为人兄必友，为人弟必悌。（兼爱下）

（5）以是为人臣不忠，为子不孝，事兄不弟交，遇人不贞良。（非儒下）

（6）是故天地不昭昭，大水不潦潦，大火不燎燎，王德不尧尧。（亲士）

例(1)第一个分句的主语是名词,第二个分句的主语是主谓短语。例(2)(3)两个分句的主语都是偏正短语,例(4)有六个分句,分句的主语都是动宾短语,形容词谓语前有副词"必"。例(5)(6)分句都是否定句,例(5)分句的主语都是动宾短语,例(6)谓语都是复音节形容词。

(7)是故君子力事日强,愿欲日逾,设壮日盛。(修身)

(8)我疲不肖,我听治不强。(非命下)

(9)我疲不肖,我从事不疾。(非命中)

例(7)有三个分句,第一个分句的主语是主谓短语,第二个、第三个分句的主语是名词词组。例(8)(9)第一个分句的主语是代词"我",谓语是并列形容词"疲""肖",第二个分句的主语是主谓短语,谓语分别是单音节形容词"强""疾"。

三、分句谓语为名词性词语

分句谓语为名词性词语即分句为判断句。共19例。根据是否使用判断词语及判断句的具体格式,又可以分为以下几种情况:

(一)分句谓语使用判断词

例如:

(1)一曰乃是而然,二曰乃是而不然,三曰迁,四曰强。(大取)

(2)天地也,则曰上下;四时也,则曰阴阳;人情也,则曰男女;禽兽也,则曰牡牝雄雌也。(辞过)

(3)尚同为政之本,而治要也。(尚同下)

(4)天为贵、天为知而已矣。(天志中)

例(1)(2)四个分句使用了表示判断的动词"曰",例(3)(4)用了准系词"为"。例(1)(2)分句主语各不相同,例(3)(4)分句主语相同。

(二)分句为"……者,……也"格式

例如:

(1)凡五谷者,民之所仰也,君之所以为养也。(七患)

(2)故天子者,天下之穷贵也,天下之穷富也。(天志上)

(3)故兼者圣王之道也,王公大人之所以安也,万民衣食之所以足也。(兼爱下)

（4）命者,暴王所作,穷人所术,非仁者之言也。(非命下)

（5）尚贤者,天鬼百姓之利,而政事之本也。(尚贤下)

　　例(1)(2)并列复句包含两个分句,分别对"五谷者"进行判断说明,两个分句句末都有语气词"也",与"者"相呼应。例(3)用三个分句对"兼者"进行判断,分句句末都有语气词"也"。例(4)并列复句包含三个分句,前两个分句句末没有语气词"也",第三个分句末有"也",与主语"命者"呼应。例(5)两个分句之间用连词"而"连接,第二个分句末有"也"与主语"尚贤者"呼应。

（三）分句为"此……也"格式

　　例如:

（1）此仁也,义也,孝子之事也,为人谋者不可不劝也。(节葬下)

（2）此仁也,义也,爱人利人,顺天之意,得天之赏者也。(天志中)

（3）此圣王之道,先王之书距年之言也。(尚贤中)

（4）此上之所赏,而百姓之所誉也。(非命上)

（5）此则知者之道也,先王之所以有天下者也。(非攻下)

　　例(1)~(5)分句的主语都是代词"此",例(1)包含四个分句,分句句末都有语气词"也"。例(2)有五个分句,分句句末都有语气词"也"。例(3)(4)(5)包含两个分句,例(3)(4)都是最后一个分句句末有语气词"也"。例(5)主语和谓语之间有连词"则",两个分句句末都有"也"表示判断语气。

（四）分句为"……;……也"格式

　　例如:

是故江河之水,非一源之水也;千镒之裘,非一狐之白也。(亲士)

　　例中两个分句都是否定句,使用了否定词"非",句末有语气词"也"表示判断语气。

（五）分句为"……者,……"格式

　　例如:

（1）兼者,处大国不攻小国,处大家不乱小家,强不劫弱,众不暴寡,诈不谋愚,贵不傲贱。(天志中)

（2）别者,处大国则攻小国,处大家则乱小家,强劫弱,众暴寡,诈谋愚,贵傲贱。(天

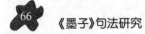

志中）

例（1）（2）并列复句包含六个分句,谓语是主谓短语,但已经指称化,可以看作是名词性的。

（六）其他式

例如：

兼即仁矣,义矣。（兼爱下）

例中并列复句包含两个分句,主语谓语之间有副词"即",句末有语气词"矣"。

四、分句谓语为数量短语

共 3 例。例如：

（1）久者数岁,速者数月。（非攻下）
（2）丧父母三年,妻、后子三年,伯父叔父弟兄庶子其,戚族人五月。（非儒下）
（3）今简子之家,饰车数百乘,马食菽粟者数百匹,妇人衣文秀者数百人。（贵义）

例（1）（2）（3）都是数量短语作谓语,例（1）省略主语,例（2）分句的主语都是动宾短语,第二、三、四个分句前分别省略了动词"丧",例（3）的第一个分句的主语是名词,第二、三个分句的主语是主谓短语。

五、分句谓语为代词

《墨子》并列复句中分句谓语为代词的较为少见,仅 1 例,如：

兼士之言不然,行亦不然。（兼爱下）

例中两个分句的谓语都是代词"然"。

六、分句谓语结构不对称

《墨子》并列复句两个或几个分句的谓语大多数词性相同,形式对称,但也有一些并列复句分句谓语词性不同,形式上不对称。例如：

（1）是故溪狭者速涸,逝浅者速竭,硗埆者其地不育。(亲士)

（2）与谋事不得,举事不成,入守不固,出诛不强。(尚贤中)

（3）观辜,是何珪璧之不满度量? 酒醴粢盛之不净洁也? 牺牲之不全肥? 春秋冬夏选失时? (明鬼下)

这种情况共 3 例,以上例句中分句的谓语有的是动词,有的是形容词。如例(1)前两个分句的谓语是形容词,后一个分句的谓语是动词;例(2)前两个分句的谓语是动词,后两个分句的谓语是形容词;例(3)第一、四个分句的谓语是动词短语,第二、三个分句的谓语是形容词。

小结:《墨子》并列复句的构成如表 4-1。

表 4-1　《墨子》并列复句统计表

分句谓语为动词性词语	分句谓语为形容词性词语	分句谓语为名词性词语	分句谓语为数量词语	分句谓语为代词	其他	总计
198	14	19	3	1	3	238

由表 4-1 可知,《墨子》并列复句中分句谓语是动词性词语的最多,共 198 例,占 83%,其次是分句谓语为名词性词语的,19 例,占 8%,其次是分句谓语为形容词的,14 例,占 6%,其余分句谓语为数量词语、代词的都很少见。

第二节　对比复句

据我们粗略统计,《墨子》一书共有对比复句 166 例。《墨子》一书逻辑性很强,论辩色彩浓厚,对比复句出现的频率极高,作用独特、突出。"对比是指两个内容相对待的分句的并列,在并列之中使对比更加鲜明。"[1]"对比复句是指两个分句不仅在形式上互相并列,而且在内容上相互对待。这类复句,在结构层次上有单层与多层之分(两个分句本身又成复句,但内容并不一定对待),在句式上有各分句皆有主语、共一主语和无主语之分,在语义上有以不同内容相对待和以肯定和否定相对比之分。"[2]本节统计的对比复句不包括包含在其他类型复句中的对比复句。对立的事物易于显示矛盾和对立,分句结构上的严格对应使语言工整、精巧,使文章产生整齐的美感,韵律感增强,便于记诵,因此对比复

---

① 杨伯峻、何乐士:《古汉语语法及其发展》,语文出版社,2001 年,925 页。

② 白兆麟:《〈盐铁论〉句法研究》,商务印书馆,2003 年,76 页。

句常常使用在论辩色彩浓厚的文章中。

一、单重对比复句

单重对比复句指只有对比这一层关系的复句。《墨子》中的单重对比复句共 123 句。单重对比复句中，有的是以肯定和否定表示对比；有的是两个分句在语义上以不同的内容相对待，形成对照；有的既用肯定、否定词表示对比，也包含语义上不同的内容相对待。

（一）肯定和否定相对比

按照否定分句位置，可分为否定在前和否定在后两种，前者 13 例。后者 13 例。共 26 例。例如：

(1) 君子不镜于水，而镜于人。（非攻上）

(2) 中吾规者谓之圆，不中吾规者谓之不圆。（天志中）

(3) 今天下之士君子，皆明于天子之正天下也，而不明于天之正天子也。（天志下）

(4) 民所苦者非此也，苦于厚作敛于百姓。（辞过）

(5) 彼非所谓攻，谓诛也。（非攻下）

例(1)(2)(3)否定词为"不"，例(4)(5)否定词为"非"。例(1)(3)(4)(5)有共同主语，例(2)主语是两个意义相反的词组。例(1)~(5)中心动词相同，宾语相对，通过否定一种事物、情况来肯定另一种事物、情况。肯定、否定形成鲜明的对比，尤其例(1)(3)中两个分句之间用连词"而"连接，对比之意更加明显。例(5)通过否定"攻"来肯定"诛"，意义相对。

(6) 若以说观之，则必非昔三代圣善人也，必暴不肖人也。（非命下）

(7) 尚同义其上，而毋有下比之心。（尚同中）

(8) 意独子墨子有此，而先生无此其有邪？（尚同下）

(9) 则此岂刑不善哉？用刑则不善也。（尚同中）

(10) 夫岂可以为命哉？故以为其力也。（非命下）

例(6)否定词为"非"，例(7)否定词为"毋"，例(8)否定词为"无"。例(9)(10)第一个分句用表反问的副词"岂"，反问句表达强烈的否定意义，与第二个分句形成鲜明的对照。例(9)意为"不是刑不善，是用刑不善"，例(10)意为"不可以认为是'命'造成的，而是'力'造成的"。在前一分句使用反问句能够加强对比，使后分句的肯定意义更加突出。例(6)省略主语，例(7)两个分句无主语，分句意义对待而结构不一。例(8)两个分句各有主语，谓语用存现动词"有""无"相对形成对比。例(9)(10)运用了反问句和肯定句对比形式。例(9)强调"用刑"较之于"刑"本身的重要性,例(10)为"命"与"力"之对比,通过否定"命运"来达到强调"人力"的目的。

值得注意的是,在这一类对比复句中,无论否定在前分句还是在后分句,根据信息结构理论,句子的焦点都在后分句。如例(1)(4)(5)(6)否定在前分句,前分句为后分句而设,目的在于提示后分句,强调肯定之意,如例(1)强调"人"之较于"水"的重要性;例(4)对比的意义在于揭示"民苦"的根本原因是"厚敛";例(5)否定"攻",强调"诛","攻""诛"之对比来显示战争性质的不同。例(2)(3)(7)(8)都是否定在后分句,复句意义焦点也在否定方面,如例(3)强调"天之正天子"的重要性。

(二)以不同的内容相对待

这一类对比复句的两个分句中往往有意义相反或相对的内容,即使用反义词或短语来形成鲜明的对照。共 87 例。"两个词的某一意义相反或相对,就构成了反义词。"[1]《墨子》中大量运用成对的反义词,反义词"不但揭示事物的矛盾,而且形成了鲜明的对比,使人们在鲜明对比下认清事物的是非、善恶、轻重、缓急,收到良好的表达效果。"[2]根据反义词是否固定,可以将《墨子》中反义词分为"普遍反义词"和"临时反义词"两类。

1. 使用普遍反义词或短语形成对比

(1)两个分句各有主语。例如:

①故上者天鬼弗戒,下者万民弗利。(非乐上)
②是以美善在上,而怨仇在下;安乐在上,而忧戚在臣。(鲁问)
③上不厌其乐,下不堪其苦。(七患)
④然则今之鲍、函、车、匠皆君子也,而羿、伃、奚仲、巧垂皆小人邪?(非儒下)
⑤顺天意者,义政也。反天意者,力政也。(天志上)
⑥然则土地者,所有余也;王民者,所不足也。(非攻中)
⑦顺天之意者,兼也;反天之意者,别也。(天志下)
⑧天下之治也,汤武之功也;天下之乱也,桀纣之罪也。(非命下)
⑨昔三代圣王禹汤文武,此顺天意而得赏也。昔三代之暴王桀纣幽厉,此反天意而得罚者也。(天志上)
⑩凡我国能射御之士,我将赏贵之;不能射御之士,我将罪贱之。(尚贤下)
⑪故曰爱人利人者,天必福之;恶人贼人者,天必祸之。(法仪)
⑫是以近者安之,远者归之。(尚贤下)

该类复句两个分句意义相反、结构严格对称。如例①两分句字数相同,结构相同,都

① 赵克勤:《古代汉语词汇学》,商务印书馆,2005 年,153 页。
② 黄伯荣、廖序东:《现代汉语》,高等教育出版社,2011 年,299 页。

是否定句,动词都不带宾语。例②包含两个并列的对比复句,谓语都是动宾结构。例③两分句的谓语也是动宾结构。例④~⑧两分句都是判断句,分句字数相等、结构相同。例④分句是"S,V$_名$+也"的格式,例⑤⑥⑦分句是"S+者,V$_名$+也"格式,例⑧是"S+也,V$_名$+也"格式。例⑨~⑫分句的谓语都是主谓谓语句,两分句结构对称意义相反。所谓主谓谓语句指句子的谓语里有复指大主语的成分,如例⑨复指成分作主谓短语里的主语,例⑩⑪⑫复指成分作主谓短语的宾语。

反义词虽然在意义上相反或相对,但属于同一语义范畴或语义场,"它们从两个对立的方面去表示同一运动、变化、过程,同一方面的性质、状态。"[①]如例①"上"与"下"表示方位的对比,例②"美善"与"怨仇"、"安乐"与"忧戚"表示心理状态之对比。例③"乐"与"苦"表示感情状态的对比。例④"君子""小人"对比。例⑤⑦"顺天意"与"反天意"表示行为对比。例⑥"有余"和"不足"表示数量的对比。例⑧为两个判断句之对比,主语与主语相对,如"天下之治"与"天下之乱"。宾语与宾语相对,如"汤武之功"与"桀纣之罪",分句内容对待而结构一致。例⑨"顺"与"反"、"赏"与"罚"表示动作行为的对比。例⑩"赏贵"与"罪贱"都表示动作状态的对比。例⑪"爱人利人者"与"恶人贼人者"表人物的对比,"福"与"祸"表事物情况的对比。例⑫"近者"与"远者"表示时间的对比。

(2)两个分句有共同主语。例如:

①仁人之事者,必务求兴天下之利,除天下之害。(兼爱中)
②家君得善人而赏之,得暴人而罚之。(尚同下)
③荆国有余于地,而不足于民。(公输)

例①②③中,两分句意义相反结构对称。例①"兴"与"除"表示行为动作对比,"利"与"害"表示性质状态之比较。例②中"善人"与"暴人"表示人物的鲜明对比,"赏"与"罚"表示动作行为之间的对比,例③"有余""不足"表示数量的对比。

(3)分句无主语或省略主语。例如:

曩与女为苟生,今与女为苟义。(非儒下)

例中"曩"与"今"表时间的对比,两个分句都省略主语,谓语都是动宾结构,谓语前有介宾短语作状语,分句结构对称内容对待。

2. 使用临时反义词或短语形成对照

例如:

① 符淮青:《现代汉语词汇》,北京大学出版社,2004 年,117 页。

(1)凡此五者,圣人之所俭节也,小人之所淫佚也。(辞过)

(2)已有善傍荐之,上有过规谏之。(尚同中)

(3)故其乐逾繁者,其治愈寡。(三辩)

例(1)(2)(3)两分句各有主语,分句字数相等、结构相同、意义对照。如例(1)中的"圣人"与"小人"相对,"俭节"和"淫佚"相对,两者本来不是严格的反义词,但在具体格式和语境中形成临时对比。结构都是"……之所……也"的格式。例(2)"善"与"过"、"傍荐"与"规谏"本来不是严格的对立面,处于前后相对待的格式和语境中,其表达的意义前后相反,形成临时对比。例(3)"繁"和"寡"在性质或状态上临时形成对比。

(4)是以举天下之人,皆欲得上之赏誉,而畏上之毁罚。(尚同中)

(5)是以遍若国之人,皆欲得其长上之赏誉,避其毁罚。(尚同下)

(6)去若不善言,学乡长之善言;去若不善行,学乡长之善行。(尚同上)

例(4)(5)分句都有共同主语,"得"与"畏"、"得"与"避"在动作行为上形成临时对比,分句结构一致而意义相对。"赏誉""毁罚"表达了两种相反性质的事物或情况的对比,语义上差别明显,由于分句格式和语境的支持形成对比。例(6)包括两个对比复句,分句无主语,分句都是动宾结构,"去"和"学"在这里表示两种相反的动作行为,是临时反义词。

(三)既用肯定、否定表示对比,也以不同的内容相对待

共10例。例如:

(1)是故义者不自愚且贱者出,必自贵且知者出。(天志下)

(2)无从下之政上,必从上之政下。(天志上)

(3)世之君子,皆知小物,而不知大物。(鲁问)

(4)从事兼,不从事别。(天志中)

(5)天必欲人之相爱相利,而不欲人之相恶相贼也。(七患)

(6)往者可知,来者不可知。(鲁问)

例(1)分句有共同主语"义者",中心动词相同。前分句用否定词"不",对该分句语义内容进行否定,与后面肯定分句形成对比。同时两分句内容也形成对照,"愚且贱者"与"贵且知者"结构相同而语义相反。例(2)两分句无主语,动词相同,前分句用否定词"无",与后分句肯定意义形成对比,宾语"下之政上"与"上之政下"结构相同意义相反。例(3)分句有共同主语"世之君子",中心动词相同,后分句用否定词"不",与前分句肯定意义对比,同时宾语以"小物"与"大物"相对待。例(4)分句无主语,前分句肯定,后分句

否定,动词相同,宾语"兼"与"别"对照。例(5)两分句共同主语为"天",语义上以前分句肯定、后分句否定对比,宾语"相爱相利"与"相恶相贼"对照。例(6)以"往者"与"来者"相对待,"可知"与"不可知"对比。此类复句分句之间既使用肯定、否定形式来进行对比,语义上又有相反或相对的内容对待,使对比之意更加鲜明、突出。

二、二重对比复句

二重对比复句是指分句中包含第二个层次且第一层次为对比关系的复句。《墨子》中的二重对比复句共32例。二重对比复句中,往往两个分句都包含第二层次,且复句关系相同,分句结构一致。第二层为假设关系的有15例,第二层为按断关系的有12例,为并列关系的有2例,为因果关系的有1例。二重对比复句中只有一个分句包含有第二层次的有1例。

(一)第二层次为假设关系

所谓第二层次为假设关系的对比复句,即两个假设复句的对比。一般来说,两个假设复句的对比,往往是前一个假设分句与后一个假设分句比较,前一个结果分句与后一个结果分句对比。例如:

(1)安则示以危,危则示以安。(襍守)

(2)是以入守则不固,出诛则不胜。(非命下)

(3)地得其任则功成,不得其任则劳而无功。(号令)

(4)五谷尽收,则五味尽御于王;不尽收,则不尽御。(七患)

(5)天下有义则生,无义则死;有义则富,无义则贫;有义则治,无义则乱。(天志上)

(6)是故有贤良之士众,则国家之治厚;贤良之士寡,则国家之治薄。(尚贤上)

(7)请惑闻之见之,则必以为有;莫闻莫见,则必以为无。(明鬼下)

(8)故时年岁善,则民仁且良;时年岁凶,则民吝且恶。(七患)

(9)上强听治,则国家治矣;下强从事,则财用足矣。(天志中)

(10)若见爱利天下者必以告,若见恶贼天下者亦以告。(尚同下)

(11)利人乎,即为;不利人乎,即止。(非乐上)

(12)上有隐事遗利,下得而利之;下有蓄怨积害,上得而除之。(尚同中)

例(1)~(9)对比复句的第二层次,假设复句的结果分句都有连词"则"连接。例(10)假设复句的假设分句有假设连词"若",例(11)(12)假设复句的两个分句都无关联词语。

例(1)(2)(3)都是紧缩假设复句,两个假设复句的偏句和偏句、正句和正句字数相等、结构相同而内容对待、意义相反。如例(1)中第二个紧缩假设复句省略连词"则",偏句都省略主语,偏句和偏句、正句和正句都以反义词表示对待。偏句都是一个单音节形容词,但意义相反,如"安"与"危",正句都是补充结构,也以反义词来表示,如"示以危"和"示以安"。例(2)假设复句的偏句中"入守""出诛"对比。例(3)(4)偏句和正句中都以肯定、否定来形成对比,如偏句中"尽收"与"不尽收"对比,正句中"尽御于王"与"不尽御"相对照。前分句先虚拟一种肯定的情况,得出肯定的结论,后分句再虚拟一种否定的情况,得出与前面完全相反的结论。正反对比,使论辩结论可靠,说服力强。例(5)是三个连续使用的二重对比复句,第二重都是紧缩假设复句,偏句以肯定、否定对比,如"有义"和"无义",正句以反义词对照,如"生"与"死"、"富"与"贫"、"治"和"乱"。例(6)假设复句的偏句和正句都以反义词形成对比,如"众"与"寡"、"厚"与"薄"对比,前分句假设一种条件,得出一个结论,后分句假设一个相反的条件,得出相反的论断。两种相反的条件,导致两种相反的结果,对比使层次清晰,事理逻辑关系清楚。例(7)(11)偏句通过肯定、否定对比,正句通过反义词对照,如"有"和"无"、"为"和"止"。例(8)偏句和正句都通过反义词形成对比,如"善"与"凶"、"仁且良"与"吝且恶"对待。例(9)(10)都只在假设复句的偏句通过反义词形成对比,如"上"和"下"、"爱利天下者"和"恶贼天下者"。例(12)偏句和偏句中"上""下"对比,正句和正句中"下""上"比较,前分句假定一种事实,然后提出应对措施,后分句假定一种相反的事实,然后以相反的措施来应对。

二重对比复句中,第二层次为假设关系的较多,这是由于假设复句常用于偏重抽象说理的论辩中,能够增强辩论的逻辑性,而抽象说理是墨子论辩技巧之一。两两对比使条件结果关系清楚,比简单的说教效果更好。

(二)第二层次为按断关系

所谓第二层次为按断关系的对比复句,即两个按断复句的对比。一般来说,两个按断复句的对比,往往是按语与按语比较,断语与断语比较。例如:

(1)利之中取大,非不得已也;害之中取小,不得已也。(大取)

(2)天子为政于三公、诸侯、士、庶人,天下之士君子固明知;天之为政于天子,天下百姓未得之明知也。(天志上)

(3)子兼爱天下,未云利也;我不爱天下,未云贼也。(耕柱)

(4)故计上之赏誉,不足以劝善,计其毁罚,不足以沮暴。(尚同下)

(5)故为不善以得祸者,桀纣幽厉是也;爱人利人以得福者,禹汤文武是也。(法仪)

(6)上稽之尧舜禹汤文武之道而政逆之,下稽之桀纣幽厉之事,犹合节也。(节葬下)

(7)于所未有而取焉,是利之中取大也;于所既有而弃焉,是害之中取小也。(大取)

两个按断复句的按语与按语、断语与断语一般结构相同,内容对照。如例(1)两个按语的谓语都是动宾结构,中心动词"取"相同,前面都有"之"字结构作状语,不同的是,状语中"利"与"害"、动宾结构中"大"与"小"词义相反,形成对照。两个断语通过否定、肯定形式对比,前一个断语使用否定词"非"。例(1)前一个按断复句的按语指出一种情况,断语对其性质进行否定判断;后一个按断复句的按语指出与之相反的情况,断语对其性质进行肯定的判断。例(2)仅按断复句的两个断语通过前肯定、后否定的形式形成对比。按断复句的按语指出两种情况,断语分别做出肯定、否定的评论。例(3)按断复句的断语都是否定式,宾语"贼"和"利"形成对比,按语通过前肯定、后否定的形式来进行比较。前分句按语指出一种情况,断语判明性质,后分句按语指出与前相反或相对的事实,断语进行性质相反的判定。例(4)按断复句的断语也都是否定式,谓语"劝善"和"沮暴"形成对比,按语中宾语"赏誉"和"毁罚"相对待。前分句按语说明事实,断语进行评价,后分句按语陈述相反的事实,断语作相反的评论。对比的意义在于突出评论,吸引人的注意。例(5)按断复句的对比也是通过内容对待,如按语中"为不善以得祸"与"爱人利人以得福"相比较,断语中"桀纣幽厉"与"禹汤文武"相对照,按语叙述两种相反的事实,断语举出相反的例子来说明。例(6)(7)按语与断语都是通过内容对待形成对比,例(6)"上""下"对比,按语指出两种相反的事实,断语进行性质相反的判定。例(7)结构尤其整齐,按语都是"于所……而……焉"的格式,分别以"未有"与"既有"、"取"与"弃"相对比,断语都是"是……之中取……也"的格式,分别以"利"与"害"、"大"与"小"相对照。

按断复句也常用于论辩,两个按断复句的鲜明对比,尤其能增加语言的气势,增强论辩的力量。

(三)第二层次为因果关系

第二层次为因果关系的对比复句,即两个因果复句的对比。一般说来,两个因果复句的对比,是两个表因分句和两个表果分句之间的比较。第二层次为因果关系的对比复句较少。如:

> 昔者三代之圣王禹汤文武,百里之诸侯也,说忠行义,取天下。三代之暴王桀纣幽厉,仇怨行暴,失天下。(鲁问)

此例中第一个因果复句指出一种因果关系,即"说行忠义"就会"取天下",第二个因果复句指出相反的原因导致相反的结果,即"仇怨行暴"就会"失天下"。两个表因分句"昔者三代之圣王禹汤文武百里之诸侯也,说忠行义"与"三代之暴王桀纣幽厉,仇怨行暴"对比,表果分句"取天下"和"失天下"形成对比,对比使因果逻辑关系清晰,给人印象深刻。

(四)第二层次为并列关系

第二层次为并列关系的对比复句,即两个并列复句的对比,两个并列复句的分句两两对比。如:

夫爱人者,人必从而爱之;利人者,人必从而利之;恶人者,人必从而恶之;害人者,人必从而害之。(兼爱中)

例中"爱人者"与"恶人者"对比,"人必从而爱之"与"人必从而恶之"比较;"利人者"与"害人者"对比,"人必从而利之"与"人必从而害之"对待。分句内容对待,词性相同,结构严格对应,显示了语言的整齐美。

(五)第二层次为对比关系

第二层次为对比关系的对比复句,即两个对比复句的对比,两个对比复句的分句两两对比。如:

是故君子自难而易彼,众人自易而难彼。(亲士)

例中对比复句的两个分句分别又是紧缩对比复句,如"君子自难而易彼"中,分句有共同的主语"君子","自难"和"易彼"对比;"众人自易而难彼"中,分句有共同的主语"众人","自易"和"难彼"对比。同时,两个对比复句也形成对比,如"君子自难"与"众人自易"对待,"易彼"与"难彼"对照。

(六)复句仅在一个分句中包含第二层次

二重对比复句中,以单句与复句对比的例子极少见,仅1例。

我非以金玉、子女、壤地为不足也,我欲以义名立于天下,以德求诸侯也。(非攻下)

这是一个单句与一个并列复句对比,前分句否定、后分句肯定,把"义""德"与"金玉、子女、壤地"作对比,孰轻孰重、高尚和低俗一目了然。

大多二重对比复句分句结构关系、结构层次都相同,内容意义相反或相对。

三、多重对比复句

多重对比复句,指分句之间含有三个及三个以上的语义关系,且第一层次为对比关系的复句。《墨子》中的多重对比复句共11例。例如:

(1)顺天意者,兼相爱,交相利,必得赏;反天意者,别相恶,交相贼,必得罚。(天志下)

(2)若见爱利家以告,亦犹爱利家者也,上得且赏之,众闻则誉之;若见恶贼家不以告,亦犹恶贼家者也,上得且罚之,众闻则非之。(尚同下)

（3）今小为非，则知而非之。大为非攻国，则不知非，从而誉之，谓之义。（非攻下）

（4）贤者举而上之，富而贵之，以为官长；不肖者抑而废之，贫而贱之，以为徒役。（尚贤中）

例（1）是两个因果复句的对比，言说相反的原因导致相反的结果。第一层次在分号处，第二层次在"必得赏（罚）"之前，是因果关系，第三层次在"兼相爱，交相利"之间和"别相恶，交相贼"之间，是并列关系。两个因果复句的表因分句和表果分句之间分别对照，如表因分句"顺天意者，兼相爱，交相利"与"反天意者，别相恶，交相贼"对照，表果分句"必得赏"与"必得罚"对待。分句结构层次、结构关系相同，意义、内容对待。

例（2）为两个假设复句的对比。例（2）包含对立、假设、因果、并列关系四个层次。第一层次在分号处，为对比关系。第二层次"若见爱利（恶贼）家（不）以告"与"亦犹爱利（恶贼）家者也，上得且赏（罚）之，众闻则誉（非）之"之间是假设关系，第三层次"亦犹爱利家者也"与"上得且赏（罚）之，众闻则誉（非）之"之间是因果关系，第四层次在"上得且赏（罚）之，众闻则誉（非）之"之间，为并列关系。分句语义相对、结构相似。两个假设分句之间对比，如"若见爱利家以告"与"若见恶贼家不以告"对比，两个结果分句之间对比，如"亦犹爱利家者也，上得且赏之，众闻则誉之"与"亦犹恶贼家者也，上得且罚之，众闻则非之"对照，其中"亦犹爱利家者也"与"亦犹恶贼家者也"对照，"上得且赏之，众闻则誉之"与"上得且罚之，众闻则非之"对照。

例（3）也是两个假设复句的对比，前分句只有一层关系，为假设关系。后分句假设复句中又包含转折和按断两个层次，其中"大为非攻国"与后面的三个分句之间是假设关系，"则不知非"与"从而誉之，谓之义"之间是转折关系，"从而誉之，谓之义"之间又是按断关系。前一个假设复句的假设分句与后一个假设复句的假设分句对比，如"今小为非"与"大为非攻国"，前一个结果分句与后一个结果分句对比，如"则知而非之"与"则不知非，从而誉之，谓之义"对照。分句内容对待、结构不一。

例（4）是两个按断复句之对比，包含对比、按断、并列三个层次，分号处是第一层次，对比关系。"贤者举而上之，富而贵之"与"以为官长"、"不肖者抑而废之，贫而贱之"与"以为徒役"之间是第二层次，都是按断关系，"贤者举而上之，富而贵之"之间是第三层次并列关系，"不肖者抑而废之，贫而贱之"之间也是并列关系。对比复句的两分句结构层次、结构关系相同，意义相反而结构对称。两个按断复句的按语与按语对比，如"贤者举而上之，富而贵之"与"不肖者抑而废之，贫而贱之"对照，断语与断语比较，如"以为官长"与"以为徒役"对照。其中"贤者"与"不肖者"相对，"举而上之"与"抑而废之"相对，"富而贵之"与"贫而贱之"对比，"官长"与"徒役"相对。对比的目的在于判明不同的性质和归属。

（5）巧者能中之，不巧者虽不能中，放依以从事，犹逾己。（法仪）

（6）故善为君者，劳于论人，而佚于治官；不能为君者，伤形费神，愁心劳意，然国逾

危,身逾辱。(所染)

(7)有闻之,有见之,谓之有;莫之闻之,莫之见,谓之亡。(非命中)

(8)上之所罚,命固且罚,不暴故罚也。上之所赏,命固且赏,非贤故赏也。(非命上)

　　例(5)是一个单句与一个让步复句的对比,让步复句最后一个分句前又是按断关系,对比的内容是"巧者"与"不巧者"两类人物。

　　例(6)是两个转折复句的对比,第一层次到分号处,为对比关系。第一个转折复句只有一个层次,用连词"而"表示转折关系。第二个转折复句包含转折和并列两层关系,"不能为君者,伤形费神,愁心劳意"与"然国逾危,身逾辱"之间为转折关系,用转折连词"然"连接。第三层次在"伤形费神,愁心劳意"之间和"然国逾危,身逾辱"之间,都是并列关系。此例为"善为君者"与"不能为君者"之对比,对比的意义是强调不同的君主有不同的命运。

　　例(7)是两个按断复句之对比,按断复句中又包含并列关系。第一层次到分号处,为对比关系。"有闻之,有见之"与"谓之有"之间是按断关系,"莫之闻之,莫之见"与"谓之亡"之间也是按断关系,"有闻之,有见之"之间、"莫之闻之,莫之见"之间又是并列关系。整个句子表现为按语之间和断语之间的对比,如"有闻之,有见之"与"莫之闻之,莫之见"对照,"谓之有"与"谓之亡"对照,"有""亡"为反义词。

　　例(8)是两个因果复句之对比,第一个句号处是第一层次对比关系。"上之所罚"与"命固且罚,不暴故罚也"之间、"上之所赏"与"命固且赏,非贤故赏也"之间是因果关系,都是先果后因。其中"命固且罚,不暴故罚也"、"命固且赏,非贤故赏也"之间又是前肯定、后否定的对比关系。两个因果复句的表果分句与表果分句对比,如"上之所罚"与"上之所赏"对待,表因分句"命固且罚,不暴故罚也"与"命固且赏,非贤故赏也"对照。

　　多重对比复句中,以一个单句与复句对比的例子也很少见,仅1例。大多复句各分句结构关系、结构层次都相同,分句长度也相同,除肯定否定相对比的例子外,分句中词语的词性也相对。

　　小结:《墨子》对比复句构成如表4-2:

表4-2　《墨子》对比复句统计表

单重对比复句	二重对比复句	多重对比复句	总计
123	32	11	166

　　由表4-2可知,《墨子》对比复句具有鲜明的特点:对比复句以两分句为主,两两对立是对比复句的主要形式。单重对比复句最多,共123例,占总数的74%。二重对比复句和多重对比复句分别为32例和11例,占总数的19%和7%。这说明层次单一的对比是体现两两对立的最佳方式。单重对比复句中,以肯定否定表示对比的26例;两个分句在

语义上以不同的内容相对待,形成对照的有 87 例;既用肯定、否定词表示对比,也包含语义上不同的内容相对待的有 10 例。可见,《墨子》主要使用语义内容对待的方式展开对比,特别是通过语义的相反或相对来体现对立。

从意义上看,对比复句分句意义相反或相对,但属于同一语义范畴,是从对立的方面来表现同一事理、过程或同一性质、状态。从结构上看,无论是单重对比复句、二重对比复句还是多重对比复句,除开肯定否定形式表示对比的例子,和极少数以单句和复句对比的用例,复句各分句结构关系、结构层次、分句长度都相同,词性相对,结构平行对称。这突出表现了对比复句两分句语义无偏正之分,主次之分。同时结构的对称也显现出墨子的文章语言工整、韵律感强的特点。

第五章　顺承复句

《墨子》复句共 2626 句,其中顺承复句共 802 个,占复句总量的 31%,可见顺承复句在《墨子》一书中用量极高。《墨子》一书中《备城门》以下复句主要都是顺承复句,因此顺承复句占复句总量最多。本章统计的顺承复句不包括《墨子》引用其他典籍中的顺承复句及包含在其他偏正复句中的顺承复句。根据分句内部是否使用关联词语,《墨子》顺承复句可分为两种情况:一种是无关联词语的顺承复句,分句之间的关系依靠句意来表现;一种是有表示先后顺序的关联词语的顺承复句,分句之间的先后连贯关系十分明显。本章所提到的关联词语主要包括两类,一是承接连词,如"而""则""然后""乃"等,二是有关联作用的副词,如"遂""既""又"等。

第一节　无关联词语的顺承复句

按照分句有无主语和主语的数量,无关联词语的顺承复句可分为三种情况:无主语或省略主语;一主多谓;多主多谓。

一、无主语或省略主语

无主语或省略主语,分句间依靠句意连接的顺承复句共 126 例,按照分句安排的顺序,可分为以下四种情况。

(一)以时间先后为序

分句之间按照时间先后为序,共 41 例。例如:

(1)劝于善言而学,其年,而责仕于子墨子。(公孟)

(2)是故选天下之贤可者,立以为天子。(尚同上)

(3)闻善而不善,皆以告其上。(尚同上)

(4)昼则举烽,夜则举火。(号令)

(5)为守备程而署之曰某程,置署术街衢阶若门,令往来者皆视而放。(号令)

(6)伤甚者令归治病,家善养,予医给药,赐酒日二升、肉二斤,令吏数行间,视病有

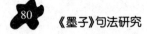
瘳,辄造事上。(号令)

例(1)(2)(3)(4)由两个分句组成,分句之间按照时间顺序安排,例(1)(3)(4)承上文省略了主语,例(2)(5)(6)无主语。例(1)第二个分句前有表示时间的词语"其年"。例(2)(3)分句动词的先后顺序十分明显,先"选"后"立",先"闻"后"告"。例(4)按照"昼夜"时间顺序安排,例(5)包含三个分句,例(6)包含七个分句,都按照时间先后顺序安排。

(二)以事理相关为序

分句之间以因果、目的等事理相关为序,共17例。例如:

(1)哭往哭来,反从事乎衣食之财,俾乎祭祀,以致孝于亲。(节葬下)
(2)内之不能善事其亲戚,外不能善事其君长,恶恭俭而好简易,贪饮食而惰从事,衣食之财不足,使身至有饥寒冻馁之忧。(非命中)

例(1)(2)按照事理相关为序,例(1)前两个分句按照时间顺序,前两个分句与后面两个分句之间暗含目的关系。例(2)前两个分句先从内、外两个方面说明不能善事亲戚、君长,中间两个分句用"……而……"的结构说明"恶恭俭""贪饮食",这四个分句与最后两个分句之间隐含因果关系。

(三)以内容深浅为序

分句之间以内容深浅或程度高低为序,共16例。例如:

(1)尚用之天子,可以治天下矣;中用之诸侯,可而治其国矣;小用之家君,可而治其家矣。(尚同下)
(2)今惟毋以尚贤为政其国家百姓,使国为善者劝,为暴者沮,大以为政于天下,使天下之为善者劝,为暴者沮。(尚贤下)
(3)观其事,上不利乎天,中不利乎鬼,下不利乎人。(天志中)

例(1)(2)(3)以内容深浅为序,例(1)按照"尚""中""小"以及"天子""诸侯""家君"等由上到下的等级次序论述。例(2)是三重顺承复句,前三个分句和后三个分句之间是顺承关系,按照由小到大的顺序安排分句,如从"为政其国家"到"为政于天下",逐层展开论述。其中第一个分句与第二、三个分句之间构成目的关系,第二、三个分句之间又是并列关系。第四个分句"大以为政于天下"与后面两个分句"使天下之为善者劝,为暴者沮"也是目的关系,"使天下之为善者劝,为暴者沮"之间也是并列关系。例(3)包含四个分句,后面三个分句解释第一个分句的内容,是顺承关系,后面分句按照"天""鬼"

"人"的顺序安排,等级是由高到低。

（四）以解释说明为序

分句之间有解释、说明的关系,共52例。例如:

（1）是故退睹其友,饥即不食,寒即不衣,疾病不侍养,死丧不葬埋。（兼爱下）

（2）古之今之为鬼,非他也,有天鬼,亦有山水鬼神者,亦有人死而为鬼者。（明鬼下）

（3）谁以为二士,使其一士者执别,使其一士者执兼。（兼爱下）

（4）有语我以忠臣者,令人俯则俯,令之仰则仰,处则静,呼则应,可谓忠臣乎?（鲁问）

（5）取蔬,令民家有三年畜蔬食,以备湛旱岁不为。（襍守）

（6）涂茅屋若积薪者,厚五寸以上。（襍守）

（7）餔食皆于署,不得外食。（号令）

例（1）~（7）按照解释说明的顺序,第二个分句以后都是解释说明第一个分句的内容。如例（1）"饥即不食"等几个分句解释"其友"的状态。例（2）"有天鬼""亦有山水鬼神者""亦有人死而为鬼者"是用来说明第一个分句动词的宾语"鬼"。例（3）王引之云:"谁"当为"设"。① 例（3）后两个并列分句是解释"二士"的。例（4）"令人俯则俯,令之仰则仰,处则静,呼则应,可谓忠臣乎"补充说明前面分句中介宾短语中的宾语"忠臣"。例（5）"令民家有三年畜蔬食,以备湛旱岁不为。"这两个分句解释说明"蔬菜"的数量和用途。例（6）后一分句说明"涂泥"的厚度,例（7）先说"食于署",后一分句"不得外食"进一步补充说明。

二、一主多谓

两个或几个分句共用一个主语,分句之间没有关联词语,依靠句意来连接的顺承复句共230例。按照分句安排的顺序,一主多谓的顺承复句可分为以下四类。

（一）以时间先后为序

共92例。例如:

（1）守时令人参之,上逋者名。（号令）

（2）昔者周公旦朝读书百篇,夕见漆十士。（贵义）

---

① ［清］孙诒让撰,孙启治点校:《墨子闲诂》,中华书局,2001年,117页。

(3)门尉昼三阅之,莫,鼓击门闭一阅。(号令)

(4)舜西教乎七戎,道死,葬南己之市。(节葬下)

(5)诸城门吏各入请钥,开门已,辄复上篇。(号令)

(6)武王以择车百两,虎贲之卒四百人,先庶国节窥戎,与殷人战乎牧之野。(明鬼下)

(7)古者吴阖闾教七年,奉甲执兵,奔三百里而舍焉,次注林,出于冥隘之径,战于柏举,中楚国而朝宋与及鲁。(非攻中)

例(1)(2)(3)由两个分句组成,分句共一主语,例(1)先"参(参验)"再"上"。例(2)(3)"朝""夕""昼""莫"表明时间关系。例(4)(5)(6)包含三个分句,分句有共同的主语,分句按照时间先后排列。例(7)由七个分句构成,主语是"阖闾",分句按照动作的前后顺序排列。

(二)以事理相关为序

共33例。例如:

(1)三代之暴王桀纣幽厉,仇怨行暴,失天下。(鲁问)

(2)今子徧从人而说之,何其劳也?(公孟)

(3)鲍幼弱,在荷褓之中,鲍何与识焉?(明鬼下)

(4)是故百姓冬不仞寒,夏不仞暑,作疾病死者不可胜计也。(节葬下)

例(1)(2)顺承复句由两分句组成,例(1)"仇怨行暴"与"失天下"这两种行为或事件之间隐含一种因果关系。例(2)前分句为陈述句,后分句是反问句,之间也暗含一种因果联系;例(3)(4)由三个分句组成,前两个分句与后一个分句之间暗含一种因果关系。

(三)以程度深浅为序

共22例。例如:

(1)我爱邹人于越人,爱鲁人于邹人,爱我家人于乡人,爱我亲于我家人,爱我身于我亲,以为近我也。(耕柱)

(2)古者圣人唯毋得贤人而使之,般爵以贵之,裂地以封之,终身不厌。(尚贤中)

例(1)由六个分句构成,按照由疏至亲的顺序排列,程度由浅到深。例(2)使用了动词"得""使""贵""封"等,程度逐渐加深。

(四)以解释或描写为序

共83例。例如:

(1)故古者圣王之为政,列德而尚贤。(尚贤上)

(2)君子若钟,击之则鸣,弗击不鸣。(非儒下)

(3)昔者文王之治西土,若日若月,乍光于四方。(兼爱中)

(4)君子不作,述而已。(耕柱)

(5)叶公子高岂不知善为政者之远者近也,而旧者新是哉?问所以为之若之何也。(耕柱)

例(1)"列德而尚贤"解释"为政"的内容;例(2)"击之则鸣""弗击不鸣"说明"若钟"的含义。例(3)"若日若月……"两句,承上描写"文王治西土"的情况。例(4)(5)均由两个分句组成,例(4)"述"对"不作"进行补充说明,例(5)前一个分句肯定叶公子高知道为政之道,后分句补充说明"问"的内容。

三、多主多谓

两个或多个分句有不同的主语,无关联词语,按照句意结合的顺承复句共 338 例。按照分句安排的顺序,多主多谓的顺承复句可分为以下六类。

(一)以时间先后为序

共 116 例。例如:

(1)寇去事已,塞祷。(号令)

(2)故古者尧举舜于服泽之阳,授之政,天下平。禹举益于阴方之中,授之政,九州成。汤举伊尹于庖厨之中,授之政,其谋得。(尚贤上)

(3)鲁人有因子墨子而学其子者,其子战而死,其父让子墨子。(鲁问)

(4)古者桀之所乱,汤受而治之;纣之所乱,武王受而治之。(非命上)

(5)越王亲自鼓其士而进之,士闻鼓音,破碎乱行,蹈火而死者左右百人有余。越王击金而退之。(兼爱中)

(6)譬之富者,有高墙深宫,墙立既,谨上为凿一门,有盗人入,阖其自入而求之,盗其无自出。(尚贤上)

(7)日中,杜伯乘白马素车,朱衣冠,执朱弓,挟朱矢,追周宣王,射之车上,中心折脊,殪车中,伏弢而死。(明鬼下)

例(1)包括两个分句,各有主语。例(2)是三个并列的顺承复句,复句都由三个不同主语的分句构成,分句之间按照时间顺序安排。例(3)顺承复句包含三个分句,时间先后很明显。例(4)由四个分句组成,分句之间按照历史顺序安排。例(5)(6)(7)分别由五、

六、九个分句构成,分句主语可承前省略。如例(5)第一个分句与第五个分句的主语是
"越王",其余分句的主语是"士",例(5)几个动作行为的先后很明显。例(6)的主语分别
是"富者""墙""盗"等。例(6)分句按照事情发展的时间顺序安排。例(7)前六个分句
的主语是"杜伯",后三个分句的主语是"周宣王",分句之间也是按照事件发展的时间顺
序排列。

(二)以事理相关为序

共50例。例如:

(1)杀一人谓之不义,必有一死罪矣。(非攻上)

(2)乡长固乡之贤者也,举乡人以法乡长,夫乡何说而不治哉?(尚同中)

(3)子曰"圣王无乐",此亦乐已,若之何其谓圣王无乐也?(三辩)

(4)故其用财节,其自养俭,民富国强。(辞过)

(5)古者周公旦非关叔,辞三公,东处于商盖,人皆谓之狂。(耕柱)

(6)刀则利矣,孰将受其不祥?(鲁问)

(7)公输盘九设攻城之机变,子墨子九距之,公输盘之攻械尽,子墨子之守圉有余。
(公输)

(8)吾愿主君之上者尊天事鬼,下者爱利百姓,厚为皮币,卑辞令,亟遍礼四邻诸侯,
驱国而以事齐,患可救也。(鲁问)

例(1)~(5)分句之间暗含因果关系,例(1)包含两个分句,第二个分句主语省略,分
句之间有轻微的因果关系,例(2)(3)(4)前两个分句与最后一个分句之间暗含因果关
系。例(5)前三个分句与最后一个分句之间隐含因果关系。例(6)(7)分句之间暗含转
折关系,例(7)第一个分句与第二个分句之间、第三个分句与第四个分句之间既有时间先
后关系,又暗含转折关系。例(8)前六个分句与最后一个分句之间暗含假设关系。

(三)以内容深浅为序

共11例。例如:

(1)以亏人愈多,其不仁兹甚,罪益厚。(非攻上)

(2)是以一人则一义,二人则二义,十人则十义,其人兹众,其所谓义者亦兹众。(尚
同上)

(3)然则一人说子,一人欲杀子以利已;十人说子,十人欲杀子以利已;天下说子,天
下欲杀子以利已。(耕柱)

(4)昔者圣王之列也,上圣立为天子,其次立为卿大夫。(公孟)

(5)署都司空,大城四人,候二人。县侯,面一。亭尉、次司空,亭一人。(襍守)

例(1)由三个分句构成,按照"亏人""不仁""罪"的次序排列,程度由轻到重。例(2)(3)分句按照数量由少到多的顺序排列,程度也逐渐加深。例(3)是二重顺承复句,分句按照数量由小到大的顺序安排,形成顺承关系,第一二分句内部、三四分句内部、五六分句内部又是对比关系。例(4)(5)分句按照等级高低秩序安排。

(四)以解释说明为序

共120例。例如:

(1)故所谓巧,利于人谓之巧,不利于人谓之拙。(鲁问)

(2)天子杀殉,众者数百,寡者数十。(节葬下)

(3)今人与此异者也,赖其力者生,不赖其力者不生。(非乐上)

(4)官府选劾,必先祭器祭服毕藏于府,祝宗有司毕立于朝,牺牲不与昔群聚。(明鬼下)

(5)其事鬼神也,酒醴粢盛不敢不蠲洁,牺牲不敢不腯肥,珪璧币帛不敢不中度量,春秋祭祀不敢失时机,听狱不敢不中,分财不敢不均,居处不敢怠慢。(尚同中)

(6)丧礼,君与父母、妻、后子死,三年丧服,伯父、叔父、兄弟期,族人五月,姑、姊、舅、甥皆有数月之丧。(公孟)

(7)故古者圣王甚尊尚贤而任使能,不党父兄,不偏富贵,不嬖颜色,贤者举而上之,富而贵之,以为官长;不肖者抑而废之,贫而贱之,以为徒役。(尚贤中)

(8)墙外水中为竹箭,箭尺广二步,箭下于水五寸,杂长短,前外廉三行,外外乡,内亦外乡。(襍守)

例(1)～(3)都由三个分句组成,后两个并列的分句用以解释第一个分句中的内容,如例(1)"利于人谓之巧"和"不利于人谓之拙"解释"巧"的意义。例(2)"众者数百,寡者数十"说明天子杀殉的人数。例(3)"赖其力者生,不赖其力者不生"解释人与此"异"的内容。例(4)包含四个分句,后三个并列的分句用以说明官府怎样选劾。例(5)包含八个分句,后面七个分句也是并列关系,共同说明如何事鬼神。例(6)后面五个分句也是解释第一个分句"丧礼"的内容和要求,第二、三个分句与后面的分句按照等级关系、亲疏关系深浅安排,第二个分句与第三个分句之间,即"君与父母、妻、后子死"与"三年丧服"又按照时间关系安排。例(7)第一个分句之后的九个分句都是解释"古者圣王甚尊尚贤而任使能",其中"贤者举而上之,富而贵之,以为官长;不肖者抑而废之,贫而贱之,以为徒役",这几个分句又是以对比的形式具体说明"尊尚贤而任使能"。例(8)后面六个分句都是解释说明第一个分句中的"竹箭",说明其长度、入水的深度及方向等。

(9)期年,燕将驰祖,燕之有祖,当齐之社稷,宋之有桑林,楚之有云梦也,此男女之所

属而观也。（明鬼下）

（10）子葬子父，我葬吾父，岂独吾父哉？（公孟）

（11）而强执此者，此特凶言之所自生，而暴人之道也。（非命上）

（12）安国之道，道任地始，地得其任则功成，地不得其任则劳而无功。（号令）

（13）大将使使人行守，长夜五循行，短夜三循行。（号令）

（14）与阶门吏为符，符合入，劳；符不合，牧，守言。（号令）

（15）是故以赏不当贤，罚不当暴，其所赏者已无故矣，其所罚者亦无罪。（尚贤下）

例（9）包含六个分句，"燕之有祖"及其后面的几个分句对第一个分句中"驰"的宾语"祖"进行补充说明。杨伯峻、何乐士说："（承接式连贯复句）对 F1 中的某个名词所代表的人物或处所作解释或说明。大多是对 F1 中动词或介词的宾语作出解说。"①此言甚是。例（10）中第三个分句"岂独吾父哉"对前两个分句中动词"葬"的宾语"子父""吾父"作补充说明。例（11）后两个分句对第一个分句中的动词宾语"此"作补充说明。例（12）后两个分句对第一个分句中介词宾语"地"作补充说明。例（13）"长夜五循行，短夜三循行"对第一个分句中"行守"补充说明。例（14）中"符合入，劳；符不合，牧，守言"等几个分句对第一个分句中的"为符"解释说明。例（15）最后两个分句"其所赏者已无故矣，其所罚者亦无罪"补充说明前面的"赏"与"罚"。

（16）人之生乎地上之无几何也，譬之犹驷驰而过隙也。（兼爱下）

（17）是故曰鬼神之明智于圣人也，犹聪耳明目之与聋瞽也。（耕柱）

（18）故子墨子置立天之，以为仪法，若轮人之有规，匠人之有矩也。（天志下）

（19）今夫子曰："圣王不为乐"，此譬之犹马驾而不税，弓张而不弛，无乃非有血气者之所不能至邪？（三辩）

例（16）（17）后分句对第一个分句也是解释说明，不过是用比喻句来形象地说明。例（18）（19）是多重顺承复句，例（18）后两个分句用比喻的方法说明前两个分句，前两个分句之间是目的关系，后两个分句之间是并列关系。例（19）后面三个分句解释前两个分句，是顺承关系，后面三个分句中，"此譬之犹马驾而不税，弓张而不弛"与"无乃非有血气者之所不能至邪"之间是按断关系，"此譬之犹马驾而不税，弓张而不弛"之间又是并列关系。

有时候，第二个及其后面的分句不是解释或补充说明第一个分句的内容，而是对前面分句加以描写。共 7 例。例如：

① 杨伯峻、何乐士：《古汉语语法及其发展》，语文出版社，2001 年，943 页。

(20)哀公迎孔某,席不端弗坐,割不正弗食。(非儒下)

(21)周宣王合诸侯而田于圃,田车数百乘,从数千,人满野。(明鬼下)

(22)有游于子墨子之门者,身体强良,思虑徇通,欲使随而学。(公孟)

(23)古者尧治天下,南抚交址,北降幽都,东西至日所出入,莫不宾服。(节用中)

(24)夫夏乞麦禾,五谷既收,子姓皆从,得厌饮食,毕治数丧,足以至矣。(非儒下)

例(20)后两个并列分句"席不端弗坐"与"割不正弗食"描写哀公迎接孔子时,孔子的表现。例(21)"田车数百乘"等三个并列分句描写周宣王田猎的隆重场面。例(22)"身体强良"等几个分句具体描写前面分句中提到的"有游于子墨子之门者"的身体、思想等状况。例(23)后面四个分句描写"尧治天下"的盛况。例(24)后面五个分句按照时间关系排列,同时又共同描述"儒者"夏天向人乞讨麦子的窘态。

(五)以语义结构为序

共41例。例如:

(1)且翟闻之,为义非避毁就誉,去之苟道,受狂何伤!(耕柱)

(2)今鸟闻热旱之忧则高,鱼闻热旱之忧则下,当此虽禹汤为之谋,必不能易矣。(公孟)

(3)是故古之圣王之治天下也,其所富,其所贵,未必王公大人骨肉之亲、无故富贵、面目美好者也。(尚贤下)

(4)问于若国之士,孰喜孰惧?(尚贤下)

(5)欲以众人民,意者可邪?(节葬下)

以上除了例(4)(5)外,都是多重复句。例(1)中"为义非避毁就誉"等几个分句是第一个分句中"闻"的内容,按照语义内容需要来安排复句。例(2)中前两个并列关系的分句与后面两个转折关系的分句构成顺承关系,第三个分句中的"此"指代前面两个分句的内容,即"今鸟闻热旱之忧则高,鱼闻热旱之忧则下"。例(3)第二个分句、第三个分句中的"其"指代第一个分句中的"圣王",分句按照语义结构安排。例(4)后分句"孰喜孰惧"是前分句"问"的内容。例(5)前分句是一个陈述句,后分句对前分句所述内容表示疑问。

《墨子》无关联词语的顺承复句统计如表5-1:

表5-1　《墨子》无关联词语顺承复句统计表

	以时间为序	以事理为序	以内容深浅为序	以解释说明为序	以语义结构为序	总计
无主语	41	17	16	52	0	126
一主多谓	92	33	22	83	0	230
多主多谓	116	50	11	120	41	338
总计	249	100	49	255	41	694

由表5-1看来,《墨子》无关联词语的顺承复句中,多主语的最多,共338例,占总量的49%,其次是几个分句共用一个主语,230例,占33%,无主语的顺承复句最少,占18%。分句的安排顺序中,以解释说明为序和以时间为序都比较多见,分别占37%和36%,其次是以事理为序,占总量的14%,以内容深浅和语义结构为序都较少,分别是7%和6%。由此可见《墨子》顺承复句主要用于解释或补充说明前面分句所述内容,以及用于表述行为动作或事件的先后发生。

第二节　有关联词语的顺承复句

根据分句中使用关联词语的情况,可以把《墨子》中有关联词语的顺承复句分为两类:仅一个分句中使用关联词语;前后分句配合使用关联词语。共108例。

一、仅一个分句中使用关联词语

《墨子》顺承复句中使用的关联词语主要有"而""又""则""乃""既""然后"等,这些关联词语既可以表示时间先后关系,也可以表示空间的顺序、事理的相关或内容的深浅次序。

连词"而""以"主要表示时间先后关系,也可表示等级顺序或事理相关,共19例。其中"而"单用13例,"而后"2例,"从而"2例,"以"2例。例如:

(1)是故古之知者之为天下度也,必顺虑其义而后为之行。(非攻下)

(2)项子牛三侵鲁地,而胜绰三从。(鲁问)

(3)必去喜,去怒,去乐,去悲,去爱,而用仁义。(贵义)

(4)其亲死,列尸弗敛,登屋窥井,挑鼠穴,探涤器,而求其人焉。(非儒下)

(5)杀其身而丧天下!(亲士)

(6)是故里长顺天子政,而一同其里之义。(尚同中)

(7)是故昔也三代之暴王桀纣幽厉之兼恶天下也,从而贼之,移其百姓之意,焉率以诟侮上帝山川鬼神。(天志下)

(8)乃遣子贡之齐,因南郭惠子以见田常,劝之伐吴,以教高、国、鲍、晏,使毋得害田常之乱,劝越伐吴。(非儒下)

例(1)~(4)中"而"表示时间先后,例(1)中"而"与"后"连用,时间关系更明显。例(1)两个分句主语相同,例(2)两个分句各有主语。例(3)(4)包含六个分句,"而"都用于最后一个分句前,表示先后关系,而且强调最后一个分句表示的内容。例(3)分句无主语,例(4)后五个分句共一主语,与第一个分句主语不同。例(5)是紧缩复句,分句主语不同,"而"表示程度由浅至深,由"杀其身"至"丧天下"。例(6)"而"表示事理关系,"而"连接的两个分句主语相同,分句间暗含一种因果逻辑。例(7)四个分句主语相同,第一个分句与后面三个分句间使用复合连词"从而",表示因果联系。例(8)分句都省略了主语,但省略的主语不同,后五个分句共用一个主语。前三个分句与后三个分句之间用连词"以"连接,"以"相当于"而",在例(8)中除了起连接作用,还隐含一种目的关系。

关联词语"则""又""乃""遂"可表示时间先后,也可表示内容深浅或事理相关,"则"19例,"又"12例,"乃"8例,"遂"4例。例如:

(9)昔者越之东有輆沐之国者,其长子生,则解而食之。(节葬下)

(10)见人之作饼,则还然窃之,曰:"舍余食。"(耕柱)

(11)攻其邻国,杀其民人,取其牛马粟米货财,则书之于竹帛,镂之于金石,以为铭于钟鼎,传遗后世子孙。(鲁问)

(12)汤放桀于大水,环天下自立以为王,事成功立,无大后患,因先王之乐,自作乐,命曰护,又修九招。(三辩)

(13)天子立,以其力为未足,又选择天下之贤可者,置立之以为三公。(尚同上)

(14)烽火以举,辄五鼓传,又以火属之,言寇所从来者多少,旦弇还。(襍守)

例(9)(10)(11)使用连词"则",表示时间先后,例(9)三个分句主语各不相同,例(10)(11)几个分句都省略了相同的主语。例(12)(13)(14)使用关联副词"又","又"表示几个动作时间的先后,例(12)(13)分句主语相同,例(14)省略主语。例(14)"旦弇还",孙诒让云:"疑当作'毋弇建',即《号令》篇之'无厌建'。"[1]

(15)孔某乃恚,怒于景公与晏子,乃树鸱夷子皮于田常之门,告南郭惠子以所欲为,归于鲁。(非儒下)

---

[1] [清]孙诒让撰,孙启治点校:《墨子闲诂》,中华书局,2001年,623页。

(16)郑穆公见之,乃恐惧,犇。(明鬼下)

(17)城四面外各积其内,诸木大者皆以为关鼻,乃积聚之。(襍守)

(18)昏鼓鼓十,诸门亭皆闭之,行者断,必击问行故,乃行其罪。(号令)

例(15)~(18)分句使用关联副词"乃"表示时间先后,可译为"然后""就"等。例(15)(16)分句主语相同,例(17)分句省略主语,例(18)分句主语各不相同。

(19)繁为无用,暴逆百姓,遂失其宗庙。(非命下)

(20)子墨子不听,遂北,至淄水,不遂而反焉。(贵义)

(21)于是退不能赏孤,施舍群萌,自恃其力,伐其功,誉其智,怠于教,遂筑姑苏之台,七年不成。(非攻中)

例(19)(20)(21)分句使用副词"遂",即"就""于是"义,例(19)"遂"表示事理相关,前两个分句与最后一个分句间暗含因果联系。例(20)(21)"遂"表示时间的先后。邢福义说:"'然后'一词,重在强调动作分先后……它在显示连贯关系的同时,还可以在叙述中划分动作的步骤和节奏。"①古代汉语中的"遂""乃""而"等词,也有相同的作用,即根据表达或作者强调的需要,可以把多个分句、多个动作划分为两个步骤,形成两个节奏。如例(21)包含8个分句,"遂"既表示承接连贯,又把前六个分句和后两个分句分成两个步骤。

关联词语"既"(11例)"既已"(6例)"然后"(13例)"于是"(1例)主要表示动作的先后。例如:

(22)里长既同其里之义,率其里之万民以尚同乎乡长。(尚同上)

(23)死者既葬,生者毋久丧用哀。(节用中)

(24)家既已治,国之道尽此已邪?(尚同下)

(25)亦必且富之贵之,敬之誉之,然后国之良士亦将可得而众也。(尚贤上)

(26)譬若筑墙然,能筑者筑,能实壤者实壤,能欣者欣,然后墙成也。(耕柱)

(27)君子必服古言然后仁。(非儒下)

(28)吾闻为高士于天下者,必为其友之身若为其身,为其友之亲若为其亲,然后可以为高士于天下。(兼爱下)

(29)天以为从其所爱而爱之,从其所利而利之,于是加其赏焉,使之处上位,立为天子以法也,名之曰"圣人"。(天志下)

---

① 邢福义:《汉语复句研究》,商务印书馆,2003年,211页。

例(22)(23)(24)前一个分句分别使用了副词"既""既已"。"既""既已"是关联副词,一般用于主语之后、谓语之前,表示动作分先后,如例(22)(23)(24)"既""既已"在动词谓语前。

例(25)(26)(27)(28)最后一个分句都使用了连词"然后"。"然后"是复音节连词,表示时间先后,既可以用于主语之前,如例(25)(26),又可以直接用于谓语之前,主语省略,如例(27)在形容词谓语前,例(28)在能愿动词前。例(25)(28)"然后"表示动作行为之间的先后关系,同时也隐含某种因果联系。例(26)后面四个分句解释第一个分句"譬若筑墙然",后四个分句又是按照筑墙的顺序安排,连词"然后"把前面表示筑墙顺序的三个分句和"墙成也"分成先后两个步骤,逻辑关系十分清晰。例(27)"然后"表示某种动作行为与某种性质状态之间的先后关系,即先"服古言"然后才能达到"仁"。

例(29)复句使用复合虚词"于是",既表示时间的先后,又隐含一种因果联系。

二、前后分句配合使用关联词语

《墨子》顺承复句中前后分句配合使用的关联词语主要包括:"既……,则……"(4例);"而……,又……"(1例);"既(已)……,而……"(3例);"既已……,又……"(2例);"即……,乃……"(1例);"先……,然后……"(1例);"先……,后……,然后……"(1例);"然后……乃……"(1例);"乃……又"(1例)等,共15例。例如:

(1)并三家以为一家,而不止,又围赵襄子于晋阳。(非攻中)
(2)既得见四方之君,子则将先语?(鲁问)
(3)既以天之意以为不可不慎已,然则天之将何欲何憎?(天志中)
(4)既以鬼神有无之别,以为不可不察已,然则吾为明察此,其说将奈何而可?(明鬼下)
(5)死则既以葬矣,生者必无久哭,而疾而从事,人为其所能,以交相利也。(节葬下)

例(1)用"而……,又……"的格式,表示几个动作的先后顺序。例(2)前分句用"既",后分句用"则",表示时间先后顺承。例(3)(4)前分句用"既",后分句用"然则"呼应,表示认识的先后。例(5)使用了"既……而……"的格式,表示动作先后承接。

(6)既犯而后哭,满埳无封,已葬,而牛马乘之。(节葬下)
(7)恶羊而漉其血,读王里国之辞既已终矣,读中里徼之辞未半也,羊起而触之,折其脚,祧神之而槁之,殪之盟所。(明鬼下)
(8)乡长治其乡,而乡既已治矣。有率其乡万民,以尚同乎国君。(尚同中)
(9)以其谋为既已足矣,又攻兹范氏而大败之。(非攻中)
(10)若昔者伯鲧,帝之元子,废帝之德庸,既乃刑之于羽之郊,乃执照无有及也,帝亦

不爱。（尚贤中）

例（6）用"既……而……而……"的格式,表示几个动作的先后顺序。例（7）包含七个分句,使用了"……而……,既已……,……而……,……而……"的格式,表示动作的连贯性。例（8）包含三个分句,第二个分句用连接词"既已"表示对第一个分句内容的承接,第三个分句用"有（又）"表示对前两个分句内容的承接。例（9）使用"既已……又……而……"的格式,第一个分句用连接词"既已",第二个分句句首使用"又"与"既已"相照应,表示动作的先后,第二个分句是紧缩顺承复句,用"而"来连接前后相承的两个动作。例（10）由五个分句组成,第三个分句使用连接词"既乃",承接前两个分句,第四个分句用"乃"引出下面两个分句。

（11）禹即已克有三苗,焉磨为山川,别物上下,卿制大极,而神民不违,天下乃静。（非攻下）

（12）是言有三物焉,子乃今知其一身也,又未知其所谓也。（公孟）

（13）楚之南有炎人国者,其亲戚死,朽其肉而弃之,然后埋其骨,乃成为孝子。（节葬下）

（14）即必吾先从事乎爱利人之亲,然后人报我以爱利吾亲也。（兼爱下）

（15）吾闻为明君于天下者,必先万民之身,后为其身,然后可以为明君于天下。（兼爱下）

例（11）包含六个分句,分句各有主语,使用了"既已……而……乃……"的格式表示分句间的连贯关系。例（12）包含三个分句,后两个分句使用关联副词"乃""又"连接。例（13）包含五个分句,第四个分句句首使用"然后"与前面三个分句承接,末一分句用"乃"表示与前面三个分句的顺承关系。例（14）（15）分别使用了"先……然后……""先……后……然后……"的关联词语和格式,时间先后关系很明显。

《墨子》顺承复句使用关联词语的情况如表5-2:

表5-2 《墨子》顺承复句使用关联词语情况表

而	15	既	11	先…然后…	1
而后	2	即已	6	先…后…然后…	1
从而	2	然后	13	然后…乃	1
则	19	于是	1	乃…又	1
又	12	既…则…	4	既…乃	1
乃	8	既已…而…	3	而…又	1
遂	4	既已…又…	2		

由表 5-2 可知,《墨子》顺承复句中使用的关联词语主要有"而""则""既""又"等,关联词语单用较多,共 94 例,前后配合使用关联词语的较少,共 15 例。

小结:《墨子》顺承复句中,不用关联词语的共 694 例,占 87%,使用关联词语的共 108 例,占顺承复句总量的 13%。可见,顺承复句中分句之间的关系主要靠句意来体现。使用关联词语的顺承复句,分句之间主要按照时间先后安排。无关联词语的顺承复句,分句可以时间先后为序、以事理相关为序、以内容深浅为序、以解释说明为序、以语义结构为序等。其中以解释说明为序和以时间为序都比较多见,其次是以事理为序,以内容深浅和语义结构为序都较少。由此可见,《墨子》顺承复句主要用于解释或补充说明前面分句所述内容,以及用于表述行为动作或事件的先后发生。

第六章　总分复句和选择复句

第一节　总分复句

总分复句指两个或几个分句并列,在它们的前面或后面有表示概括的分句。《墨子》中总分复句不多见,共6例。主要有两种类型。

一、先总后分

例如:

(1)我有二子,一人者好学,一人者好分人财,孰以为太子而可? (鲁问)
(2)且有二生,于此善筮。一行为人筮者,一处而不出者。(公孟)
(3)凡不守者有五:城大人少,一不守也;城小人众,二不守也;人众食寡,三不守也;市去城远,四不守也;蓄积在外,富人在虚,五不守也。(襍守)

例(1)第一个分句是总说,后面三个分句是分说,其中"一人者好学,一人者好分人财"与"孰以为太子而可"之间是顺承关系,而"一人者好学,一人者好分人财"之间又是并列关系。例(2)前两个分句是总说,后两个分句是分说。例(3)第一个分句是总说,后面五个分句是分说,每一个分句又都是按断复句,如"城大人少,一不守也"之间是按断关系。

二、先总,再分,后总

例如:

(1)故备者国之重也,食者国之宝也,兵者国之爪也,城者所以自守也,此三者国之具也。(七患)
(2)君子之道也,贫则见廉,富则见义,生则见爱,死则见哀,四行者不可虚假,反之身

者也。（修身）

（3）民有三患：饥者不得食，寒者不得衣，劳者不得息，三者民之巨患也。（非乐上）

例（1）第一个分句先总说"国备"的重要性，接着用三个分句说明"备粟""备兵""备城"的具体内容，最后一个分句总结"备"为"国之具"。例（2）第一个分句总说"君子之道"，中间四个分句分说，最后两个分句是总结，分句之间是顺承关系。例（3）第一个分句先总说"民有三患"，中间三个分句分说，最后一个分句以判断句的形式总结。总分复句往往在总结的分句有数词作为标志，如以上例子。

第二节　选择复句

《墨子》选择复句都是疑问式，共18例。形式丰富多样，主要有以下几种格式：

一、"……与？（意）……与（也）？"式

复句由两个分句构成，句末都有疑问语气词"与"。例如：

（1）分名乎天下恶人而贼人者，兼与？别与？（兼爱下）
（2）夫有命者，不志昔也三代之圣善人与？意亡昔三代之暴不肖人也？（非命中）
（3）吾不识孝子之为亲度者，亦欲人爱利其亲与？意欲人之恶贼其亲与？（兼爱下）
（4）然即国都不相攻伐，人家不相乱贼，此天下之害与？天下之利与？（兼爱下）
（5）岂女为之与？意鲍为之与？（明鬼下）
（6）为其上中天之利，而中中鬼之利，而下中人之利，故誉之与？意亡非为其上中天之利，而中中鬼之利，而下中人之利，故誉之与？（非攻下）

以上两个分句句末都有语气词"与（也）"相对应。例（1）（2）两个分句主语相同，分句是判断句。例（3）分句主语也相同，承前省略。例（4）分句主语相同，都是代词"此"，指代前面"国都不相攻伐，人家不相乱贼"的情况。例（5）分句各有主语，例（6）选择复句的两个分句又分别是因果复句，在两种因果关系中选择一种。以上选择问句大多两个分句句末语气词相同，如例（1）（3）（4）（5）（6），也有不同的，如例（2）。两个分句大多结构相同，字数相同，而意义相反，在两者之中进行选择。有的通过使用反义词形成正反相对，如例（1）（2）（3）（4），有的通过使用否定词形成肯定否定相对，如例（6）。

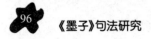

二、"……乎(与、邪)？（意）……乎？"式

例如：

（1）君子服然后行乎？其行然后服乎？（公孟）

（2）子之义将匿邪？意将以告人乎？（耕柱）

（3）意者，先生之言有不善乎？鬼神不明知乎？（公孟）

（4）然即之交孝子者，果不得已乎？毋先从事爱利人之亲者与？意以天下之孝子为遇，而不足以为正乎？（兼爱下）

（5）若我先从事乎爱利人之亲，然后人报我爱利吾亲乎？意我先从事乎恶人之亲，然后人报我以爱利吾亲乎？（兼爱下）

以上两个分句句末都有语气词，前分句的语气词为"乎（与、邪）"，后分句语气词为"乎"，前后呼应。例（1）（2）（3）选择复句的两分句都是单句，例（1）（2）分句主语相同，结构相同，意义相反。如例（1）分句的结构都是连动式，两个动词之间有时间先后关系，但是动作的先后顺序截然相反，二者之中选择一项。例（3）分句主语不同，分句都是否定式，谓语都是形容词。例（4）两分句都无主语。第一个分句是单句，第二个分句是顺承复句。例（5）选择复句的两个分句都是顺承复句，之间用连词"然后"连接。

例（2）（4）（5）后分句使用"意"，例（3）前分句用"意者"，《古代汉语虚词词典》："意，连词，用于抉择复句的后一分句之首，可译为'还是'。"[①]但"意"或"意者"也可以用于前分句句首，如例（3）。选择复句中的"意者""意""抑"，白兆麟认为都是关联词语，没有实际意义，"'意'或'意者'也可以写作'抑'或'其抑者'，既能用在句首，也能用在分句之间，显然没有'料想'或'看来'的实际意思，应当看作连接成分才是。"[②]

三、"意……，……乎？"式

例如：

意可以择士，而不可以择君乎？（兼爱下）

例中前分句句末无语气词，后分句句末有语气词"乎"，分句都无主语，前分句肯定，后分句否定。

---

① 中国社会科学院语言研究室：《古代汉语虚词词典》，商务印书馆，1999 年，729 页。

② 白兆麟：《〈盐铁论〉句法研究》，商务印书馆，2003 年，122 页。

四、"……邪? ……邪?"式

例如：

今未有扣子而言,是子之谓不扣而鸣邪? 是子之所谓非君子邪? (公孟)

例中两个分句句末都有语气词"邪",分句主语都是代词"是",分句是判断句,在两种情况之中择一。

五、"意……? 抑……?"式

例如：

意越王将听吾言,用我道,则翟将往,量腹而食,度身而衣,自比于群臣,奚能以封为哉? 抑越不听吾言,不用吾道,而吾往焉,则是我以义粜也? (鲁问)

例中分句句末都没有语气词,句首有"意""抑"相对应,可以译为"是……,还是……",选择复句的两分句都是假设复句,用连词"则"连接。

小结:《墨子》中的总分复句和选择复句都比较少,总分复句主要有两种类型,"先总后分"和"先总,再分,后总"式。选择复句都是疑问式。

第七章　按断复句

第一节　按断复句研究概说

据我们粗略的调查与统计,《墨子》一书共有复句2626个,按断复句共373个,占复句总量的14%。《墨子》一书逻辑性很强,论辩色彩浓厚,按断复句出现的频率极高,作用独特、突出。据我们所知,在其他古代典籍中按断复句也经常被采用来进行论辩、阐明观点。如《论语》中按断复句有224个,[1]《荀子》中有单重按断复句82个,[2]《盐铁论》中有按断复句402个,占全书复句总数的18.7%。[3]《孟子》中按断复句有140余个,[4]《晏子春秋》中有按断复句210个,占复句总数的12.9%。[5] 由此看来,按断复句的存在是古代汉语中的一个事实,研究按断复句对于全面认识古代汉语复句面貌有着重要意义。

虽然目前学术界已经普遍认可按断复句是古汉语复句中一个很重要的类别,但关于按断复句仍有很多的问题和分歧所在。主要表现为两个方面:

一是关于按断复句的判断和划分标准问题。按断复句没有较为明显的关联词语或结构形式标志,按语与断语之间主要靠语义逻辑关系联系在一起,因此按断复句很容易与其他的句型混淆。学者们提到按断复句时总是将它与其他复句进行比较,如王力首次在《中国现代语法》中提到"按断式",并将"按断式"与"理由式"(因果复句)相区别。[6] 20世纪50年代杨伯峻在《文言语法》中也提到了"按断句",并将之与"补充句"(总分复句)区别。[7] 之后,在杨伯峻、何乐士合著的语法巨著《古汉语语法及其发展》中,重点把按断句与一般的判断句区分开来。"按断句与一般的判断句不同,判断句由主语和谓语两部分组成,是单句;按断句由'按'语和'断'语两部分组成,大多是复句。"[8]白兆麟在

---

①　万小丽:《〈论语〉中按断复句形成的内在规律》,《大庆师范学院学报》2009年第1期。

②　于峻嵘:《〈荀子〉单重按断复句研究》,《语文研究》2005年,第2期。

③　白兆麟、时兵:《〈盐铁论〉按断复句研究》,《古汉语研究》,2004年,第2期。

④　陈顺成:《〈孟子〉复句研究》,西北师范大学硕士学位论文,2007年,57页。

⑤　赖江:《〈晏子春秋〉复句研究》,华东师范大学硕士学位论文,2005年,18页。

⑥　王力:《中国现代语法》,商务印书馆,1985年,57页。

⑦　杨伯峻:《文言语法》,北京出版社,1956年,206页。

⑧　杨伯峻、何乐士:《古汉语语法及其发展》,语文出版社,2001,945页。

《〈老子〉复句辨析》一文中将按断复句与因果复句、假设复句等区别开来。① 实际上,在具体的确定按断复句的操作过程中,按断复句还容易与承接复句等相混淆,因此按断复句是一种非常特殊而复杂的语句类型,有必要对之深入研究。

二是关于按断复句的分类问题。正是由于按断复句的词语标记不明显,划分标准不一样,分类也就不一样。目前关于按断复句的分类影响较大的有以下几家。

杨伯峻、何乐士在《古汉语语法及其发展》中根据评断语的性质把按断复句分为三大类:评断语为表示判断的名词谓语句、评断语本身为一个完整的判断句、以肯定或否定叙述语作评断语(其下又分七个小类,以肯定或有推测语气的叙述语表示判断、以否定叙述作判断语、以比较句作评论语、用形容词谓语句作评论语、用"甚""可""久"等虚词作评断语、"谓"字评论语)。② 白兆麟在已有研究的基础上,又提出自己的分类方法。他在《盐铁论句法研究》一书中根据断语的性质把按断复句分为六个类别:①以判断句为断语;②以叙述句为断语;③以描写句为断语;④以反问句为断语;⑤以感叹句为断语;⑥以复句为断语。③

这两种分类可谓明确、细致,但不足之处是仅从评断语的结构形式、语法特征和句子构成入手来分类,没有涉及按语的性质及其复杂情况,割裂了按语与断语之间的内在联系。

在白兆麟的《〈盐铁论〉按断复句研究》一文中,又提出了新的分类标准。"根据断语是否使用回指手段,把按断复句分为紧密型和非紧密型两大类,这两类区别是严格的;再根据承指代词省略情况,非紧密型按断复句又可以划分为松散型和半松散型两类,这两类的区别是不怎么严格的。"④ 这种分类注意到了"按断语之间内在逻辑联系的紧密程度",按语与断语之间是否使用衔接手段,兼顾了按语与断语的性质特征。

白兆麟认为需要使用衔接手段的按断复句是"松散型"按断复句,即按断语之间的内在逻辑关系不够紧密,按语与断语均有独自表述完整句义的倾向,因此评断过程使用承指代词来强化二者之间的按断关系。反之,按语与断语之间不需要使用各种回指手段的按断复句为"紧密型"按断复句,即按语与断语之间的逻辑推导关系比较紧密。按语与断语之间的逻辑推导关系的显见度越高(或话语者认为如此),那么它们之间的结构关系就越紧密;反之,显见度越低(或话语者认为如此),那么它们之间的结构关系就越松散。这种分类认为按断复句中是否需要使用衔接手段很大程度上取决于说话人的主观意愿,这在实际的判断按断复句的操作过程中则很难。

① 白兆麟.《〈老子〉复句辨析》,《南京师范大学文学院学报》,2008 年,第 4 期。
② 杨伯峻、何乐士:《古汉语语法及其发展》,语文出版社,2001 年,946～948 页。
③ 白兆麟:《〈盐铁论〉句法研究》,商务印书馆,2003 年,126 页。
④ 白兆麟、时兵:《〈盐铁论〉按断复句研究》,《古汉语研究》,2004 年,第 2 期。

第二节 《墨子》按断复句的分类

朱德熙说:"分句和分句之间意义上总是有联系的,这种联系往往通过语法形式表现出来,主要有以下三个方面。(1)用连词(或副词)连接相关的分句。(2)通过代词的指代作用或关联作用表现出来。……(3)分句结构形式上的联系。"①根据我们对《墨子》语言材料穷尽性地调查,《墨子》按断复句中按语与断语之间可用连词"则"来连接,但数量很少,仅22例,占按断复句总数的6%。连词"则"广泛出现于多种复句中,并不是按断复句特殊的标志连词。按语与断语之间的评断关系主要通过代词回指的衔接手段表现出来,即断语使用代词回指按语所述信息,代词同时起到衔接按语与断语的作用。《墨子》按断复句中,按断语之间用代词衔接的147例,可用代词衔接但省略代词的153例,连词与代词共用,即用"则此(是)"连接的24例。因此,《墨子》按断复句中能用代词衔接的共324例,占总量的89%。

这里需要注意的是,衔接不同于连接,衔接是一个语义概念,指语篇中语言成分之间的语义联系。根据系统功能语法理论,连接和替代都是体现语篇中语言成分之间逻辑关系的衔接手段。在按断复句中,按断语之间的逻辑关系主要是通过代词的替代作用表现出来的。

根据断语是否需要使用代词来回指按语所述信息,即按语与断语之间是否使用指事代词衔接,《墨子》按断复句可以分为两大类:一是直接性评断,即断语直接对按语所表达的全部信息进行评论、判断。从语义上看,断语对按语所述信息的性质、原因、归属进行评断;从形式上看,断语常常用"此""是""之"等代词回指按语所述信息(回指代词也可以省略),代词充当断语分句中的一个句法成分,按断语之间可用代词衔接。二是间接性评断,即断语间接地对按语所述事实进行评断。从语义上看,断语或对按语所述相关联的人、事、物的性质、类属进行评断,或基于按语所述事实对事件的原因或结果进行推测或追加式判断。从形式上看,按语的信息不在断语中复现,断语一般不能使用代词复指按语所述信息,按断语之间不能用代词衔接。

《墨子》按断复句中按断语之间使用代词衔接的171个,按断语之间省略代词衔接的158个,按断语之间不用代词衔接的44个。(见表7-1)

表7-1 《墨子》按断复句分类表

直接性评断		间接性评断	总计
按断语之间使用代词衔接	按断语之间省略代词衔接	按断语之间不用代词衔接	
171	158	44	373

① 朱德熙:《语法讲义》,商务印书馆,1982年,216页。

一、直接性评断

这类按断复句中,断语对按语所述全部信息进行评断,断语常常用回指代词复指前面按语所述事实,按语与断语之间可用代词衔接。根据代词的省略情况,直接性评断按断复句又可以分为两类:一是按断语之间使用代词衔接;二是按断语之间省略代词衔接。

(一)按断语之间使用代词衔接

在使用指事代词衔接按语与断语的按断复句中,根据回指代词在句法结构中的位置,可以分为以下四小类。

1. "此""若""是"作主语

"此""是""若"等指事代词在断语中回指按语所述全部信息并且作分句的主语。例如:

(1)于仲虺之告曰:"我闻于夏人,矫天命,布命于下,帝伐之恶,袭丧厥师。"此言汤之所以非桀之执有命也。(非命上)

(2)然后圣人听其言,迹其行,察其所能,而慎予观,此谓事能。(尚贤中)

(3)此言而非兼,择即取兼,即此言行费也。(兼爱下)

(4)有去大人之好聚珠玉鸟兽犬马,以益衣裳、宫室、甲盾、五兵、舟车之数,于数倍乎? 若则不难。(节用上)

(5)夫仁人事上竭忠,事亲得孝,务善则美,有过则谏,此为人臣之道也。(非儒下)

(6)今大者治天下,其次治大国,而无法所度,此不若百工辨也。(法仪)

(7)丈夫年二十,毋敢不处家;女子年十五,毋敢不事人。此圣王之法也。(节用上)

(8)今以并国之故,万国有余皆灭,而四国独立。此譬犹医之药万有余人,而四人愈也,则不可谓良医矣。(非攻下)

(9)诗曰:"告女忧恤,诲女予爵,孰能执热,鲜不用濯。"则此语古者国君、诸侯之不可以不执善承嗣辅佐也,犹执热之有濯也,将休其手焉。(尚贤中)

(10)王公大人蚤朝晏退,听狱治政,此其分事也;士君子竭股肱之力,亶其思虑之智,内治官府,外收敛关市、山林、泽梁之利,以实仓廪府库,此其分事也;农夫蚤出暮入,耕稼树艺,多聚叔粟,此其分事也;妇人夙兴夜寐,纺绩织纴,多治麻丝葛绪,捆布縿,此其分事也。(非乐上)

以上断语中用代词"此"回指按语所述全部信息并且作分句的主语。例(4)"若",戴望:"若犹此也。"①《词诠》:"若,指事形容词,此也。"②例(1)断语解释前面所引话语的含义。例(2)中断语"谓事能"表示对"此"所代内容、性质的解释。例(3)(4)断语判明性质、归属。例(6)断语以比较的方式表评断。例(5)(7)断语用判断句表明性质。例(8)断语以比喻表示意见和评论。例(9)断语用一个多重复句阐释诗书典籍的含义,例(10)是四个连续的按断复句,断语都是判断句。

　　例(1)~(6)最后一个分句是断语,前面的分句是按语,按语包含多个分句。例(1)按语是所引话语,例(2)(5)按语由四个并列的分句组成,例(3)按语包含两个对比关系的分句。例(4)按语的两个分句之间是目的关系,用表目的的连词"以"连接。例(6)(7)(8)(9)都是三重按断复句。例(6)按语由三个分句组成,"今大者治天下,其次治大国"与"而无法所度"之间是第二层次,是转折关系,"今大者治天下,其次治大国"之间是第三层次,是顺承关系。例(7)前两个分句与中间两个分句之间是并列关系,前两个分句之间、中间两个分句之间又是按断关系。例(8)按语包含两个分句,断语包含三个分句。按语中两个分句之间是转折关系,断语中"此譬犹医之药万有余人,而四人愈也"与"则不可谓良医矣"之间也是按断关系,"此譬犹医之药万有余人,而四人愈也"这两个分句之间是转折关系。例(9)断语由三个分句组成,"则此语古者国君、诸侯之不可以不执善承嗣辅佐也"与"犹执热之有濯也,将休其手焉"之间也是按断关系,"犹执热之有濯也,将休其手焉"这两个分句之间是顺承关系。例(10)第一个按断复句的按语包含两个并列关系的分句,第二个按断复句中,按语是个二重复句,"士君子竭股肱之力,亶其思虑之智,内治官府,外收敛关市、山林、泽梁之利"与"以实仓廪府库"之间是目的关系,"士君子竭股肱之力,亶其思虑之智,内治官府,外收敛关市、山林、泽梁之利"这四个分句之间又是并列关系。第三个按断复句的按语由三个并列的分句组成,第四个按断复句包含四个并列关系的分句。

　　(11)杀己以存天下,是杀己以利天下。(大取)

　　(12)舍今之人而誉先王,是誉槁骨也。(耕柱)

　　(13)不足以举行而常之,是荡口也。(耕柱)

　　(14)而和氏之璧、隋侯之珠、三棘六异不可以利人,是非天下之良宝也。(耕柱)

　　(15)今子闻其乡有勇士焉,必从而杀之,是非好勇也,是恶勇也。(耕柱)

　　(16)然而不得富而得贫,不得众而得寡,不得治而得乱,则是本失其所欲,得其所恶。(非命上)

　　(17)说子亦欲杀子,不说子亦欲杀子,是所谓经者口也,杀常之身者也。(耕柱)

　　(18)暴乱之人也得活,天下害不除,是为群残父母而深贱世也,不义莫大焉!(非儒下)

①　[清]孙诒让撰,孙启治点校:《墨子闲诂》,中华书局,2001年,161页。
②　杨树达:《词诠》,上海古籍出版社,2007年,221页。

(19)今天下好战之国,齐晋楚越,若使此四国者得意于天下,此皆十倍其国之众,而未能食其地也,是人不足而地有余也。(非攻下)

以上例(11)~(19)断语用代词"是"回指按语所述全部信息并且作分句的主语。例(11)~(14)按语和断语都是单句,断语用代词"是"复指按语所述事实,断语判明性质。例(11)(12)(13)断语是肯定式,例(14)断语是否定形式。例(15)按语包含两个分句,之间是假设关系,断语用两个并列关系的分句表示对前所述行为性质的判定。例(16)按语包含三个并列关系的分句,断语用一个对比复句揭示按语所述情况的本质。例(17)按语是两个对比关系的分句,断语由两个顺承关系的分句组成,表示对按语所述事实的性质说明。例(18)按语包含两个分句,之间是因果关系,断语用一个按断复句表示对"天下害不除"这种状况的批评、谴责和愤慨之情。例(19)按语包含四个分句,其中第一个分句和后面三个分句之间是顺承关系,"若使此四国者得意于天下"与"此皆十倍其国之众,而未能食其地也"之间是假设关系,"此皆十倍其国之众,而未能食其地也"这两个分句之间又是转折关系。因此按断复句的按语由一个三重复句组成,断语是单句,表示对前面所述情况原因的推断。

2."此""是"作谓语

即"此""是"在断语中复指按语所述全部信息并且作分句的谓语。例如:

(1)不可以不劝爱人者,此也。(兼爱上)

(2)故古圣王治天下也,故必先鬼神而后人者,此也。(明鬼下)

(3)此吾所谓鬼神之罚,不可为富贵众强、勇力强武、坚甲利兵者,此也。(明鬼下)

(4)为衣服之法:冬则练帛之中,足以为轻且暖;夏则希绤之中,足以为轻且清。谨此则止。(辞过)

(5)其友皆好仁义,淳谨畏令,则家日益,身日安,名日荣,处官得其理矣,则段干木、禽子、傅说之徒是也。(所染)

(6)其友皆好矜奋,创作比周,则家日损、身日危、名日辱,处官失其礼矣,则子西、易牙、竖刀之徒是也。(所染)

(7)故为不善以得祸者,桀纣幽厉是也;爱人利人以得福者,禹汤文武是也。(所染)

以上例(1)~(4)断语用代词"此"复指按语所述信息,断语表明意见、评论,例(1)(2)(3)按语是单句,例(4)按语是一个表示解说关系的顺承复句,"为衣服之法"与后面的分句是顺承关系,"冬则练帛之中,足以为轻且暖;夏则希绤之中,足以为轻且清"这四个分句是两个并列的按断复句。

例(5)(6)(7)断语都是单句,用代词"是"代按语所述事实,断语用举例的方式表示褒贬的态度和评价。例(5)按语是一个因果复句,其中因果复句的表因分句又是一个并列复句"其友皆好仁义,淳谨畏令",表果分句"则家日益,身日安,名日荣,处官得其理矣",也是由四个并列关系的分句组成。例(6)同例(5)结构相同,意义则相反。例(7)包含两个并列的按断复句。

3."此""之"作宾语

即"此""之"在断语中复指按语所述全部信息并且作分句的宾语,例如:

(1)诗曰:"必择所堪,必谨所堪"者,此之谓也。(所染)

(2)太上无败,其次败而有以成。此之谓用民。(亲士)

(3)而今天下之士君子,居处言语皆尚贤,逮至其临政发众而治民,莫知尚贤而使能,我以此知天下之士君子明于小而不明于大也。(尚贤下)

(4)财以成者,扶而埋之,后得生者而久禁之,以此求富,此譬犹禁耕而求获也,富之说无可得焉。(节葬下)

(5)是故上者天鬼富之,外者诸侯与之,内者万民亲之,贤人归之,以此谋事则得,举事则成,入守则古,出诛则强。(尚贤中)

(6)夫饥约则不辞妄取以活身,赢饱则伪行以自饰,汙邪诈伪,孰大于此!(非儒下)

(7)夫挟太山而越河济,可谓毕劫有力矣,自古及今未有能行之者也。(兼爱中)

例(1)(2)"此"作动词宾语,断语"谓"表示对"此"所代内容的解释,例(1)断语解释所引《诗经》语言的含义,例(2)按语包含两个分句,之间是顺承关系,断语说明其性质。例(3)按语包括前三个分句,"而今天下之士君子,居处言语皆尚贤"与"逮至其临政发众而治民,莫知尚贤而使能"之间是对比关系,断语中"此"作介词宾语,断语以"我以此知"的句式鲜明地表达了说话人的主观判断和态度。例(4)前三个分句是按语,后三个分句是断语,断语中"此"作介词宾语,表示推论。作按语的三个分句之间是顺承关系,断语的三个分句中,"以此求富"与"此譬犹禁耕而求获也,富之说无可得焉"之间也是按断关系,断语用比喻句说明"以此求富"的结果。"此譬犹禁耕而求获也,富之说无可得焉"这两个分句之间是顺承关系。例(5)前四个并列的分句是按语,后四个并列的分句是断语,断语中"此"指代按语所述内容,作介词"以"的宾语,表示主观推断。例(6)前两个并列关系的分句是按语,"汙邪诈伪,孰大于此"是断语,代词"此"作动词宾语,断语用一个比较句表明主观评价。例(7)前两个分句是按语,最后一个分句是断语,断语用一个陈述句表示评论、推断,代词"之"作动词宾语。作按语的两个分句"夫挟太山而越河济,可谓毕劫有力矣"之间也是按断关系,断语判明性质。

4."此""其"作定语

"此"在断语中指代按语所述全部信息并且作分句的定语。

(1)今岁凶、民饥、道饿,此疚重于队其子,其可无察邪?(七患)

(2)是故比干之噎,其抗也;孟贲之杀,其勇也;西施之沉,其美也;吴起之裂,其事也。(亲士)

例(1)"此"代"岁凶、民饥、道饿"的情况,断语"此疢重于队其子"判明性质,"其可无察邪"用反问的形式表示说话人的态度和建议。例(2)断语中代词"其"比较特殊,只指代按语中提到的"比干""孟賁"等人,断语表示对原因的推断。

《墨子》按断复句中复指按语信息的代词使用情况见表7-2:

表7-2 《墨子》按断复句中复指按语信息的代词使用数量统计表

	此	是	之	若	其	总计
主语	100	47		1		148
谓语	3	3				6
宾语	8		6			14
定语	2				1	3
总计	113	50	6	1	1	171

由上表可知,断语中复指按语信息的代词在分句中作主语最多,共148例,占总数的86%。这是由于代词所代事实是上文中已经出现的信息,断语中对代词所代事实的评价、判断才是说话人论述的重点所在。在信息结构中,已知信息一般居主位,新信息居述位或宾位。指事代词居述位或宾位的情况较少,一般是为了强调或是其他的目的。

(二)按断语之间省略代词衔接

在省略回指代词的按断复句中,根据省略的回指代词在句法结构中的位置,可以分为以下三类。

1. 省略的代词在断语中回指按语所述全部信息并且作分句的主语。例如:

(1)儒者曰:"亲亲有术,尊贤有等。"言亲疏尊卑之异也。(非儒下)

(2)反圣王之务,则非所以为君子之道也。(明鬼下)

(3)今孔某深虑同谋以奉贼,劳思尽知以行邪,劝下乱上,教臣杀君,非贤人之行也;入人之国而与人之贼,非义之类也;知人不忠,趣之为乱,非仁义之也。(非儒下)

(4)夫儒,浩居而自顺者也,不可以教下;好乐而淫人,不可使亲治;立命而怠事,不可使守职;宗丧循哀,不可使慈民;机服勉容,不可使导众。(非儒下)

(5)故仓无备粟,不可以待凶饥。(七患)

(6)据财不能以分人者,不足与友;守道不笃、偏物不博、辩是非不察者,不足与游。(修身)

(7)是故大用之治天下不窕,小用之治一国一家而不横者,若道之谓也。(尚同下)

(8)我有天志,譬若轮人之有规,匠人之有矩。(天志上)

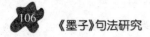

(9)是以动则不疑,速通成得其所欲,而顺天鬼百姓之利,则智者之道也。(非攻下)

试比较:

(10)于先王之书也《大誓》之言然,曰:"小人见奸巧乃闻,不言也,发罪钧。"此言见淫僻不以告者,其罪亦犹淫僻者也。(尚同下)

(11)此上逆圣王之书,内逆民人孝子之行,而为上士于天下,此非所以为上士之道也。(明鬼下)

(12)今师徒唯毋兴起,冬行恐寒,夏行恐暑,此不可以冬夏为者也。(非攻中)

(13)是故世俗之君子,知小物而不知大物者,此若言之谓也。(鲁问)

(14)今子曰,国治则为礼乐,乱则治之,是譬犹噎而穿井也,死而求医也。(公孟)

(15)皆大以治人,小以任官,远施周偏,近以修身,不义不处,非理不行,务兴天下之利,曲直周旋,利则止,此君子之道也。(非儒下)

以上例(1)~(9)中,断语都省略了作主语的回指代词"此"或"是"。例(1)可与例(10)相比较,断语都是对按语所述话语的解释、评论,句式特征相同,前者省略了指事代词"此",后者没有省略。例(2)(3)可与例(11)比较,断语都是"非……(也)"的格式,表示否定的判断,例(2)(3)省略了指事代词"此"。例(4)(5)(6)可与例(12)比较,例(7)与例(13)比较,例(8)与例(14)比较,例(9)可与例(15)比较。

例(3)是三个并列的按断复句,例(4)是五个并列的按断复句,例(6)是两个并列的按断复句。以上在省略回指代词的按断复句中,除了例(3)(9)外,按语都是单句。在带有回指代词的按断复句中,按语都是复句。

通过省略代词"此""是"的按断复句与不省略代词的按断复句比较可知,一般倾向于省略回指代词的按断复句,按语较短,并且往往是单句,信息量较少;反之,带有回指代词的按断复句,按语往往较为复杂,一般是复句,信息量较多。

2.省略的代词在断语中回指按语所述全部信息并且作分句的谓语。

例如:

(1)古者圣王制为衣服之法,曰:冬服绀緅之衣,轻且暖;夏服絺绤之衣,则止。(节用中)

试比较:

(2)为衣服之法:冬则练帛之中,足以为轻且暖;夏则希绤之中,足以为轻且清。谨此则止。(辞过)

例(1)与例(2)出现的篇章不同,但所述内容与句式特征都相似,例(1)省略了代词"此"。

3.省略的代词在断语中回指按语所述全部信息并且作分句的宾语。

例如:

(1)思利寻焉,忘名忽焉,可以为士于天下者,未尝有也。(修身)

(2)缓贤忘士,而能以其国存者,未曾有也。(亲士)

试比较:

(3)除天下之害,令国家百姓之不治也,自古及今未尝之有也。(节葬下)

例(1)(2)与例(3)断语句式特征大致相同,例(1)(2)省略了代词"之"。

根据系统功能语言学理论,省略也是衔接的手段之一。省略可以避免重复,突出新信息,使语篇结构更加紧凑。那么,什么情况下断语中复指按语信息的代词可以省略呢?试看以下这个句群:

臣子之不孝君父,所谓乱也。子自爱不爱父,故亏父而自利;弟自爱不爱兄,故亏兄而自利;臣自爱不爱君,故亏君而自利,此所谓乱也。虽父之不慈子,兄之不慈弟,君之不慈臣,此亦天下之所谓乱也。(兼爱上)

该句群由3个按断复句组成,断语都是用"所谓……"的格式判明性质。第一个按断复句中按语由一个小分句构成,断语省略了指事代词"此"。第二个复句中按语由6个小分句组成的等立复句组成,分句内部又是因果关系,按语较长较复杂,断语用"此"来复指按语所述事实,"此"同时起到衔接按语与断语的作用。第三个复句按语是由三个小分句组成的等立复句,按断语之间也有指事代词衔接。由此看来,在可由指事代词连接的按断复句中,是否省略指事代词,跟按语的长短或复杂与否有关。一般来说,如果按语较短,按断语之间根据自然语势或语流的走向连接,往往省略指事代词;如果按语过长,超过了听话人的记忆上限,就需要使用回指代词复指按语的信息以便给听话人提示。代词的过递提示说话人论述的重点在于断语所表达的信息,使简短的断语与复杂、冗长的按语相比获得一定优势。《墨子》中有大量由多重复句构成的按断复句,不仅按语较为复杂,有时候断语也比较复杂,因此断语往往使用承指代词回指按语,使复句语义逻辑关系清楚,结构紧凑。

二、间接性评断

这类按断复句中,断语对按语的部分信息进行判断、评论或是根据按语所提供的信息进行进一步的推断。按语所述信息一般不在断语中复现,断语不能使用代词复指按语所述信息,按语与断语之间不能用代词衔接。根据评断语的性质,间接性评断按断复句可以分为以下三类:

(一)评断语为陈述句

断语为陈述句,句末可以有语气词"也""矣"等,也可以不用语气词。例如:

(1)三年之内,齐吴破国之难,伏尸以言术数,孔某之诛也。(非儒下)

(2)二三子过之,食之三升,客之不厚。(耕柱)

(3)夫奢侈之君御好淫僻之民,欲国无乱,不可得也。(辞过)

(4)夫杀之人,为利人也,博(薄)矣。(非攻下)

(5)郑人三世杀其父,而天加诛焉,使三年不谷,天诛足矣。(鲁问)

(6)或寿或卒,其利天下也相若,其类在誉名。(大取)

(7)圣人也,为天下也,其类在于追迷。(大取)

(8)言足以复行者,常之;不足以举行者,毋常。(耕柱)

以上除了例(3)外,最后一个分句是断语,前面的分句是按语,例(8)是两个并列的按断复句。例(3)中后两个分句是断语。例(1)断语"孔某之诛也"对按语所述情况进行追加式推断,指出谁应该对上述灾难负责;例(2)断语"客之不厚"是说话人根据按语提供的信息对具体人的评价。例(3)断语"欲国无乱,不可得也"是基于按语所述情况得出的结论,对结果的推断。例(4)也是对结果的推断,如果杀人是利人的话,那么这"利"博(薄)矣。例(5)断语表达了说话人对与按语所述信息相关的事物的意见、评论。例(6)(7)断语判明性质,例(8)断语表示建议。

例(1)(2)(6)按语由两个顺承关系的分句构成,例(3)前两个分句是按语,之间是转折关系,例(4)(7)(8)按语为单句,例(5)按语包括三个分句,之间是先后顺承关系。

(二)评断语为反问句

断语为反问句,句末一般有语气词"哉"配合使用。例如:

(1)今子徧从人而说之,何其劳也?(公孟)

(2)为欲厚所至私,轻所至重,岂非大奸也哉!(非儒下)

(3)故三王者,皆贵为天子,富有天下,岂忧财用之不足哉?(节葬下)

(4)天子者,固天下之仁人也,举天下之万民以法天子,夫天下何说而不治哉?(尚同中)

(5)是故古者尧之举舜也,汤之举伊尹也,武丁之举傅说也,岂以为骨肉之亲、无故富贵、面目美好者哉?(尚贤下)

(6)此世未易,民未渝,在于桀纣则天下乱,在于汤武则天下治,岂可谓有命哉。(非命上)

以上例(1)(2)断语都以反问的形式表示对具体人的评论、评价,例(3)~(6)断语基于按语所述事实对相关事物作进一步地推断。以上断语都是一个反问句,例(1)按语是单句,例(2)按语是一个对比复句,例(3)按语是两个并列关系的分句,例(4)按语也包括两个分句,之间是顺承关系。例(5)按语由三个并列的分句组成,例(6)按语包括四个分句,"此世未易,民未渝"与"在于桀纣则天下乱,在于汤武则天下治"之间是转折关系,"此世未易"与"民未渝"之间、"在于桀纣则天下乱"与"在于汤武则天下治"之间又是并列关系。

(三)评断语为感叹句

断语为感叹句,句末有时有语气词"哉""乎"配合使用。例如:

畅之四支,接之肌肤,华发隳颠而犹弗舍者,其唯圣人乎!(修身)

例句中断语"其唯圣人乎"用一种较为肯定的语气表示对人物的评论,表达了对圣人高贵品质的赞叹。

第三节 小 结

根据断语是否需要使用代词来回指按语所述信息,即按语与断语之间是否使用代词衔接,《墨子》按断复句可以分为两大类:一是直接性评断按断复句;二是间接性评断按断复句。在直接性评断按断复句中,根据代词的省略情况,又可以分为两类:一是按断语之间使用代词衔接;二是按断语之间省略代词衔接。

《墨子》按断复句中,直接性评断按断复句有329个,占按断复句总量的88%;间接性评断按断复句44个,占总量的12%。(见表7-1)可见,直接性评断按断复句占按断复句总量的绝大多数。也就是说,按断复句绝大多数都是断语对按语所述事实的直接评断,代词衔接是按断复句的重要标志。这给我们准确判断按断复句提供很大帮助,从而有效地把按断复句与他类复句区分开来。

在直接性评断按断复句中,按断语之间使用代词衔接的按断复句多达171个,占按断复句总量的46%。《墨子》中使用代词衔接的按断复句多为多重复句,按语往往较长较复杂,由多个分句组成,代词的过渡能够把按语与断语紧密地联系在一起,显示了思维的连续性与语义的连贯性,使文章结构更加缜密。《墨子》中出现的大量用代词来衔接的按断复句表明战国初期汉语语言已经发展到一个相当复杂的程度。

　　《墨子》按断复句中,用以复指按语并衔接按语与断语的代词主要有"此""是""之""若""其"等。其中,"此"的用量最大,共112个,占代词总量的65%,其次是"是",50例,占总量的29%。(见表7-2)值得注意的是,从《亲士》以下到《非儒》等篇,断语使用代词的按断复句中,多用"此"少用"是","此""是"比是107:14;而在《大取》《小取》《耕柱》《贵义》《公孟》《鲁问》等篇章中,使用代词衔接手段的按断复句中,多用"是"少用"此","此""是"比是5:36。这可能与语言的时代性、地域性以及个人的使用习惯有关。学界对于《墨子》的时代和作者问题向来争议颇多,语言学的研究或许能为该书的作者考释提供一些佐证吧。

第八章　假设复句

据我们粗略的统计,《墨子》一书共有假设复句 423 个,占复句总量的 16%,可见假设复句在《墨子》一书中用量极高。本章统计的假设复句不包括《墨子》引用其他典籍中的假设复句及包含在其他偏正复句中的假设复句。由于《墨子》中纯粹的条件复句较少,我们按照《古汉语语法及其发展》的做法,把假设复句和条件复句合并,如"大多数假设复句的内部结构是:上句表假设或条件,是偏句;下句表示对结果的推断,是正句。"[1]同因果复句一样,假设复句也表示因果联系,只不过"前者的因果联系是已实现的,而后者的因果联系是待实现的。"[2]假设复句用反证的方法来论证事物之间的因果关系,更加能够显示论证的逻辑力量。研究《墨子》假设复句,能够帮助我们理解《墨子》一书逻辑思维的严密性。

第一节　《墨子》假设复句的分类

假设复句可分为有标志(即有关联词语)的假设复句和无标志(无关联词语)的假设复句。无标志的假设复句指复句中分句之间的关系用意合的方式来表现。本节所提到的关联词语主要包括两类,一是"假设连词",如"若""苟""若苟"等,二是"承接连词或有关联作用的副词",如"则""即"等。《墨子》中用"关联法"形成的假设复句共 256 例,占假设复句总量的 61%;"意合法"形成的假设复句共 167 例,占 39%。可见,假设复句中偏句和正句之间的关系主要依靠关联词语来体现。

一、有标志的假设复句

《墨子》中有标志的假设复句共 256 例,其中正句和偏句使用关联词语的情况见表 8-1。根据正句和偏句使用关联词语的情况,用"关联法"形成的假设复句又可以分为以下三类。

---

① 杨伯峻、何乐士:《古汉语语法及其发展》,语文出版社,2001 年,951 页。
② 邢福义:《汉语复句研究》,商务印书馆,2003 年,83 页。

（一）仅偏句使用关联词语

仅偏句使用假设连词等，正句不用，共 113 例。

1. "若"

例如：

（1）若知其不义也，夫奚说书其不义以遗后世哉？（非攻上）

（2）若非伍而先知他伍之罪，皆倍其构赏。（号令）

（3）若见爱利家者，必以告；若见恶贼家者，亦必以告。（尚同下）

（4）若以为不然，昔者桀之所乱，汤治之；纣之所乱，武王治之。（非命中）

（5）若以为政乎天下，上以事鬼神，天鬼不使；下以持养百姓，百姓不利，必离散不可得用也。（非命下）

以上偏句使用了假设连词"若"，例（1）（2）（3）是单重假设复句，例（3）是两个并列的假设复句。例（4）假设复句的偏句是单句，正句是一个并列复句，并列复句内部又是顺承关系。例（5）假设复句的偏句是单句，正句是一个对比复句，对比复句内部又是转折关系。

2. "苟"

例如：

（1）苟兼而食焉，必兼而爱之。（天志下）

（2）苟不用仁义，何以非夷人食其子也？（鲁问）

（3）天苟兼而有食之，夫奚说以不欲人之相爱相利也！（法仪）

（4）苟亏人愈多，其不仁兹甚矣，罪益厚。（非攻上）

（5）先生苟能使子墨子於越而教寡人，请裂故吴之地，方五百里，以封子墨子。（鲁问）

例（1）~（5）偏句使用了假设连词"苟"，例（1）（2）（3）是单重假设复句，例（1）的正句是陈述句，例（2）的正句是疑问句，例（3）的正句是感叹句。例（4）是二重假设复句，第一个分句是偏句，后两个分句是正句。正句的两个分句之间为并列关系。例（5）是三重假设复句，第一个分句是假设复句的偏句，"请裂故吴之地，方五百里"与"以封子墨子"之间是目的关系，"请裂故吴之地"与"方五百里"之间又是承接关系。

3. "若苟"

例如：

（1）若苟贫，是无以为积委也；若苟寡，是城郭沟渠者寡也；若苟乱，是出战不克，入守

不固。(节葬下)

(2)若苟上下不同义,赏誉不足以劝善,而刑罚不足以沮暴。(尚同中)

(3)若苟不足,为人弟者求其兄而不得,不弟弟必将怨其兄矣。(节葬下)

例(1)(2)(3)偏句使用了复音连词"若苟",例(1)是三个并列的单重假设复句,例(2)(3)都是二重假设复句,例(2)偏句是单句,正句由一个对比复句构成,例(3)偏句也是单句,正句由一个因果复句组成。

4."若使(使)"

例如:

(1)若使鬼神请无,是乃费其所为酒醴粢盛之财耳。(明鬼下)

(2)若使鬼神请有,是得其父母姒兄而饮食之也,岂非厚利哉? (明鬼下)

(3)若使天下兼相爱,爱人若爱其身,犹有不孝者乎? (兼爱上)

(4)使不知辩,德行之厚若禹汤文武不加得也,王公大人骨肉之亲、躄瘖聋暴为桀纣,不加失也。(尚贤下)

例(1)~(3)假设复句的偏句使用了假设连词"若使",例(4)用连词"使"。例(1)是单重假设复句,例(2)(3)都是二重复句,例(2)的偏句是单句,正句是一个按断复句;例(3)偏句是一个承接复句,正句是单句。例(4)中的"使"从文义看,显然不是动词,而是假设连词。《墨子》中能确定为假设连词的"使"只此一例。白兆麟认为,"使"字单独用作假设连词,不仅《左传》无有,其他先秦典籍亦罕见,据杨伯峻先生统计,《论语》《孟子》亦各仅一例。[①]

5."今"

例如:

(1)今用执有命者之言,是覆天下之义。(非命上)

(2)今人处若家得罪,将犹有异家所,以避逃之者。(天志下)

(3)今天下之士君子,请将欲求兴天下之利,除天下之害,当在乐之为物,将不可不禁而止也。(非乐上)

例(1)(2)(3)假设分句使用了连词"今",例(1)是单重假设复句,例(2)(3)都是二重复句。例(2)的偏句是单句,正句是一个连词"以"引导的目的复句。例(3)偏句是一个对比复句,正句"当在乐之为物,将不可不禁而止也"是单句。对于例(1)(2)(3)中

①　白兆麟:《〈国语〉与〈左传〉之假设句比较》,《淮北煤炭师院学报(哲学社会科学版)》,2000 年,第 1 期。

"今"的词性,一向有争议。《古代汉语虚词词典》认为"今"是时间副词,可译为"现在、而今、如今"等,同时又说:"受语境影响,这类用例有时含有假设意味,因此有人认为是假设连词。"①杨伯峻、何乐士编撰的《古汉语语法及其发展》认为这种"今"是时间副词,在一定的语言环境中可以起表示假设的作用,有"现在如果"之意。②

《墨子》中"今"用于句首多达47例,我们认为这种"今"可看作假设连词。理由是:

第一,这种"今"常常与表将来的时间词"将"同现,如上引例(2)(3),又如"今王公大人中实将欲治其国家,欲修保而勿失,胡不察尚贤为政之本也。"(尚贤中)这里"今"显然不能译为"如今""现在"或"现在如果",只能译为"假如""如果"。

第二,这种"今"基本上都出现在假设复句的假设分句中,结果分句一般有顺承连词"则""即"或副词"必"呼应,构成"今……,则(即)……""今……必……"的固定格式。《墨子》中"今"这种前呼后应的例子共36例。例如:

(4)今王公大人有一衣裳不能制也,必藉良工;有一牛羊不能杀也,必藉良宰。(尚贤中)

(5)今有人于此,少见黑曰黑,多见黑曰白,则以此人不知白黑之辩矣。(非攻上)

第三,这种"今"多出现于论辩说理中,而很少出现于对话或故事性的叙述中,也没有今昔对比的语境支持。如上引例(1)(2),明显不是叙述当前发生的真实情况,而是一种假设,借假设分句来诱发结果分句,以便落实说话人的某种结论。所以不宜认为"今"是表示"现在""如今"的时间副词。

第四,"今"常与假设连词"若"同用,表示假设关系,如"今若有一诸侯于此,为政其国家也。(尚贤下)"因此,我们判定这种"今"为假设连词。

6."今若"

例如:

(1)今若有一诸侯于此,为政其国家也。(尚贤下)

(2)今若天飘风苦雨,此天之所以罚百姓之不上同于天者也。(尚同上)

(3)今若处大国则攻小国,处大都则伐小都,欲以此求福禄于天,福禄终不得,而祸祟必至矣。(天志中)

例(1)(2)(3)偏句使用了复音假设连词"今若",例(1)(2)都是单重假设复句,例(3)是三重假设复句,前两个分句是假设复句的偏句,之间是并列关系,后三个分句是正

①　中国社会科学院语言研究所古代汉语研究室编:《古代汉语虚词词典》,商务印书馆,1999年,302页。

②　杨伯峻、何乐士:《古汉语语法及其发展》,语文出版社,2001年,958页。

句,其中,"欲以此求福禄于天"与"福禄终不得,而祸祟必至矣"之间也是假设关系,而"福禄终不得"与"而祸祟必至矣"之间是对比关系。

7."籍(籍设)"

例如:

(1)籍而以为得一升粟,其不能饱天下之饥者,既可睹矣。(鲁问)

(2)籍而以为得尺布,其不能暖天下之寒者,既可睹矣。(鲁问)

(3)籍设而攻不义之国,鼓而使众进战,与不鼓而使众进战,而独进战者,其功孰多?(鲁问)

例(1)(2)(3)偏句使用假设连词"籍""籍设",孙诒让云:"籍,吴钞本本作'藉'。毕云:'籍,藉字假音。'"①杨树达《词诠》:"藉,假设连词。"②例(1)(2)是单重假设复句,例(3)的偏句是单句,正句是比较问句。

8."即""而"

例如:

(1)即有惊,举孔表。(襍守)

(2)即见放,到傅到城止。(襍守)

(3)即有物故,鼓,吏至而止,夜以火指鼓所。(号令)

(4)而胜围,城周里以上,封城将三十里为关内侯。(号令)

例(1)(2)(3)偏句使用了假设连词"即"。"即",《古汉语语法及其发展》中提到可以作假设复句正句(后分句)的标志,③其实"即"也常常用作假设复句中偏句(前分句)的标志。中科院编撰的《古代汉语虚词词典》:"即,连词,用于复句的前一分句。表示假设的条件或情况,可译为'如果''假如''倘若'等。"④例(1)(2)都是单重复句,例(3)是二重复句,第一个分句是假设复句的偏句,后面三个分句是正句,之间是承接关系。例(4)中的"而",孙诒让引戴望曰:"而"读为"如"。⑤ 在这里临时作假设连词。例(4)前两个并列的分句为假设复句的偏句,表假设的条件,最后一个分句是正句,表结果。

---

① [清]孙诒让撰,孙启治点校:《墨子闲诂》,中华书局,2001 年,473 页。
② 杨树达:《词诠》,上海古籍出版社,2007 年,259 页。
③ 杨伯峻、何乐士:《古汉语语法及其发展》,语文出版社,2001 年,997 页。
④ 中国社会科学院语言研究所古代汉语研究室编:《古代汉语虚词词典》,商务印书馆,1999 年,262 页。
⑤ [清]孙诒让撰,孙启治点校:《墨子闲诂》,中华书局,2001 年,594 页。

(二)仅正句使用关联词语

偏句不使用假设连词或关联副词等,仅正句使用,共55例。例如:

(1)作士不休,不能禁御,遂属之城,以御云梯之法应之。(襍守)

(2)十四者无一,则虽善者不能守矣。(备城门)

(3)命富则富,命贫则贫,命众则众,命寡则寡,命治则治,命乱则乱,命寿则寿,命夭则夭。(非命上)

(4)王公大人怠乎听狱治政,卿大夫怠乎治官府,则我以为天下必乱矣。(非命下)

(5)上不听治,则刑政乱。下不从事,则财用不足。(非命上)

(6)君子不强听治,即刑政乱。贱人不强从事,即财用不足。(非乐上)

(7)必能此,乃能守城。(号令)

(8)诸吏必有质,乃得任事。(襍守)

例(1)结果分句使用连接副词"遂",例(2)~(5)结果分句使用顺承连词"则",例(6)用连词"即"。例(7)(8)使用连接副词"乃"。例(6)可与例(5)相对照,可见例(6)中的"即"同"则"一样,也是顺承连词。

例(1)是二重复句,前两个分列的分句是偏句,后两个分句是正句,之间都是承接关系。例(2)是单重复句,例(3)是八个并列的紧缩假设复句。例(4)是二重假设复句,前两个分句是偏句,之间是并列关系,最后一个分句是正句。例(5)(6)分别由两个假设复句组成。例(7)(8)结果分句使用连接副词"乃",表示条件关系。

(三)正句和偏句都使用关联词语

共88例。例如:

(1)若鬼神无有,则武王何祭分哉?(明鬼下)

(2)若以此观之,夫安危治乱存乎上之为政也,则夫岂可谓有命哉?(非命下)

(3)君若言而未有利焉,则高拱下视,会嚏为深,曰:唯其未之学也。(非儒下)

(4)苟君说之,则士众能为之。(兼爱中)

例(1)~(3)假设分句使用了假设连词"若",结果分句用承接连词"则"与之相呼应。例(4)假设分句使用了假设连词"苟",结果分句用承接连词"则"与之相呼应。

(5)若苟昔者三代圣王足以为法,然则姑尝上观圣王之事。(明鬼下)

(6)若苟赏不当贤而罚不当暴,则是为贤者不劝而为暴者不沮矣。(尚贤中)

(7)若苟王公大人本失尚贤为政之本也,则不能毋举物示之乎?(尚贤下)

（8）今用执有命者之言，则上不听治，下不从事。（非命上）

例（5）~（7）假设分句使用了假设连词"若苟"，结果分句用承接连词"则"与之相呼应。例（8）假设分句使用了假设连词"今"，结果分句用承接连词"则"与之相呼应。

（9）今惟毋在乎王公大人说乐而听之，即必不能蚤朝晏退，听狱治政，是故国家乱而社稷危矣。（非乐上）

（10）今惟毋在乎妇人说乐而听之，即必不能夙兴夜寐，纺绩织纴，多治麻丝葛绪，捆布緣，是故布緣不兴。（非乐上）

（11）今若有能信效先利天下周后者，则同救之。（非攻下）

（12）今若使天下之人偕若信鬼神之能赏贤而罚暴也，则夫天下岂乱哉！（明鬼下）

（13）籍设而亲在百里之外，则遇难焉，期以一日也，及之则生，不及则死。（鲁问）

（14）事即急，则使积门内。（襍守）

例（9）（10）假设分句使用了假设连词"今"，结果分句用连词"即"与之相呼应。例（11）（12）假设分句使用了假设连词"今若"，结果分句用承接连词"则"与之相呼应。例（13）假设分句使用了假设连词"籍设"，结果分句用承接连词"则"与之相呼应。例（14）假设分句使用了假设连词"即"，结果分句用承接连词"则"与之相呼应。

《墨子》假设复句所使用假设连词如表8-1：

表8-1 《墨子》假设复句使用关联词语情况表

偏句	正句	句数	偏句	正句	句数
若		49		遂	1
苟		8		即	4
若苟		20		则	48
使		1	苟	则	3
若使		8	若苟	则	7
藉（设）		4	今	故	4
今若		7	今	则（即）	32
今		11	若	则	36
即		4	今若	则	4
而		1	即	则	1
	乃	2	籍设	则	1

由表8-1可知，《墨子》假设复句使用最多的假设连词是"若"，共85次；其次是

"今",47 次,其次是"若苟",20 次,"苟",8 次。出现最少的是"使",仅 1 次。使用最多的承接连词是"则"。《墨子·大取》有句子:"为暴人语天之为是也而性,为暴人歌天之为非也。"此句颇为难解,原句标点当有错误。《墨子今注今译》根据吴毓江注把语句和标点改为:"为暴人语天之为是耶? 如性为暴人语天之为非也。"并且把"如"解释为"如果"。① 根据我们的统计,《墨子》中没有见到假设连词"如",因此,把"而"改为"如"并不一定妥当。

二、"意合法"形成的假设复句

此类假设复句偏句和正句都不使用关联词语,复句的关系主要靠上下文语境来体现。例如:

(1)君实欲天下之治而恶其乱也,当为宫室不可不节。(辞过)

(2)尚欲祖述尧舜禹汤之道,将不可以不尚贤。(尚贤上)

(3)善人不赏而暴人不罚,为政若此,国众必乱。(尚同下)

(4)天下之人皆不相爱,强必执弱,富必侮贫,贵必敖贱,诈必欺愚。(兼爱中)

(5)视人国若其国,谁攻? (兼爱上)

(6)法不仁,不可以为法。(法仪)

(7)利人乎,即为;不利人乎,即止。(非乐上)

(8)予子冠履,而断子之手足,子为之乎? (贵义)

(9)夫妇节而天地和,风雨节而五谷孰,衣服节而肌肤和,(辞过)

(10)不义不富,不义不贵,不义不亲,不义不近。(尚贤上)

(11)凡费财劳力,不加利者,不为也。(辞过)

(12)无巧不巧工,皆以此为法。(法仪)

(13)今天下无大小国,皆天之邑也;人无幼长贵贱,皆天之臣也。(法仪)

不用关联词语的假设复句往往有一些形式的标志,如在偏句中有"欲""将"等词语,正句中有"当"与之呼应,如例(1)(2);或者正句中常有表示肯定语气的副词"必",如例(3)(4)等;或者正句常常用反问句表示肯定的判断,如例(5)。也有一些假设复句并没有这些形式上的标志,需要依据上下文语境来判定,如例(6)~(8)等。例(9)是三个并列的假设复句,例(10)是四个并列的紧缩假设复句。

以上例(1)~(10)表示假设关系,例(11)~(13)表示条件关系。例(11)假设分句句首有副词"凡",可译为"凡是""只要",表某种条件。例(12)(13)假设分句中使用表示

---

① 谭家健、孙中原译注:《〈墨子〉今注今译》,商务印书馆,2012 年,348 页。

条件关系的"无"。"无",《古代汉语虚词词典》认为是介词,"表示意义相反或相近的条件或情况,可以译为'无论''不论'等。"①

第二节　《墨子》假设复句的语用价值

假设复句通常用于论辩色彩比较强的文体中,《墨子》一书善于雄辩,逻辑性极强,假设复句用途十分广泛,可用于推理、评断、建议和质疑等。由于《墨子》中假设复句数量较多,分析其语用价值时,我们只讨论和统计有标志的假设复句。

一、用于推理

(一)由因到果

这类复句一般是前分句假设一种情况,后分句推测该情况出现后的结果,假设的情况与出现的结果有因果联系。如:

(1)若纯三年而字,子生可以二三年矣。(节用上)

(2)若使天下兼相爱,国与国不相攻,家与家不相乱,盗贼无有,君臣父子皆能孝慈,若此则天下治。(兼爱上)

(3)苟兼而食焉,必兼而爱之。(天志下)

(4)善人之赏,而暴人之罚,则家必治矣。(尚同下)

(5)若无鬼神,彼岂有所延年寿哉?(明鬼下)

(6)若鬼神无有,则武王何祭分哉?(明鬼下)

(7)若以天为不爱天下之百姓,则何故以人与人相杀,而天予之不祥?(天志上)

例(1)(2)是推测可能的结果,例(3)(4)是推知必然的结果。例(5)(6)(7)是反证释因,例(5)(6)用"鬼神能使人延年益寿"和"武王祭祀"这些"事实"论证了"鬼神的存在",例(7)同样正句提出一种事实"人与人相杀,而天予之不祥",从而论证偏句的假设"天之爱天下之百姓"这种结论的正确性。这类假设复句加强了句子的论证性。

(二)由果到因

这类复句一般是前分句假设一种情况,后分句推测该情况出现的可能的原因,假设

---

①　中国社会科学院语言研究所古代汉语研究室编:《古代汉语虚词词典》,商务印书馆,1999 年,612 页。

的情况与推断的原因有因果联系。如：

　　(1)若苟贫，是粢盛酒醴不净洁也；若苟寡，是事上帝鬼神者寡也；若苟乱，是祭祀不时度也。(节葬下)
　　(2)今若天飘风苦雨，此天之所以罚百姓之不上同于天者也。(尚同上)

　　例(1)是三个并列的假设复句，偏句提出一种假设，正句推测出现这种假设之情况的原因。例(2)偏句假设某种恶劣天气情况，正句指出其原因是"天之所以罚百姓之不上同于天"。

二、用于评断

　　这一类假设复句的前分句假设一种情况，后分句对这种假定加以判断或评论。评断类的假设复句与按断复句的区别是：按断复句的前分句叙述一种事实，而假设复句的前分句虚拟一种情况。例如：

　　(1)若有正长与无正长之时同，则此非所以治民众之道。(尚同中)
　　(2)若使天下兼相爱，爱人若爱其身，犹有不孝者乎？(兼爱上)
　　(3)藉为人之国若为其国，夫谁独举其国以攻人之国者哉？(兼爱下)
　　(4)若饥则得食，寒则得衣，乱则得治，此安生生。(尚贤下)
　　(5)今且天下之王公大人士君子，中情将欲求兴天下之利，除天下之害，当若繁为攻伐，此实天下之巨害也。(非攻下)
　　(6)今用执有命者之言，是覆天下之义。(非命上)

　　例(1)正句是一个否定性的判断句，对偏句假设的情况加以判断。例(2)(3)正句是反问句，反问句能加强肯定或否定的语气，对偏句假设的情况做十分肯定的判断。例(4)(5)(6)假设复句的结果分句都用了指示代词"此"或"是"，指代前分句的情况，并对其加以评论。

　　《墨子》中还有一种特殊的假设复句，偏句不是虚拟一种事实，而是提出一种视角，偏句提出从某个视角来看问题，正句表明自己的判断或评论。这类视角类的假设复句多达19例。例如：

　　(7)若以此三圣王者观之，则非所谓攻也，所谓诛也。(非攻下)
　　(8)若以中国之君子观之，则亦犹厚矣。(节葬下)
　　(9)以若书之说观之，则鬼神之有岂可疑哉？(明鬼下)
　　(10)若以郑穆公之所身见为仪，则鬼神之有岂可疑哉？(明鬼下)

（11）若以亲疏为岁月之数,则亲者多而疏者少矣,是妻、后子与父同也。（非儒下）

例（7）（8）偏句提出某种视角,正句用判断句表明评断。例（9）（10）正句用反问句来表示肯定的态度。例（11）正句用指示代词"是"指代上述假设之情况,并加以评论。

三、用于质疑

这一类假设复句前分句假设一种情况,引出后分句的疑问。例如:

（1）若用子之言,则君子何日以听治? 庶人何日以从事? （公孟）

（2）今使鲁四境之内,大都攻其小都,大家伐其小家,杀其人民,取其牛马狗豕布帛米粟货财,则何若? （鲁问）

（3）若有患难,则使百人处于前,数百于后,与妇人数百人处前后孰安? （贵义）

（4）籍设而天下不知耕,教人耕,与不教人耕而独耕者,其功孰多? （鲁问）

（5）授子过千盆,则子去之乎? （贵义）

例（1）（2）偏句使用陈述句虚拟一种情况,正句用疑问句提出问题;例（3）（4）偏句提出一种假设,正句用一个选择问句征询对方意见。例（5）正句是一个是非问句,要对方就某种虚拟的前提做出回答。

四、用于建议

这类假设复句假设分句虚拟一种情况,结果分句阐述自己对这种情况持有的态度或建议。共44例。例如:

（1）然则当用乐器譬之若圣王之为舟车也,即我弗敢非也。（非乐上）

（2）苟能使子墨子至于越而教寡人,请裂故吴之地,方五百里,以封子墨子。（鲁问）

（3）若以百姓为愚不肖,耳目之情不足因而为法,然则胡不尝考之诸侯之传言流语乎? （非命中）

（4）国家昏乱,则语之尚贤、尚同。国家贫,则语之节用、节葬。（鲁问）

（5）今天下之君子,忠实欲天下之富,而恶其贫,欲天下之治而恶其乱,当兼相爱、交相利。（兼爱中）

（6）若无符,皆诣县廷言,请问其所使。（号令）

例（1）（2）偏句提出一种假设的前提,结果分句表明自己的主观态度,如例（1）"我弗敢非也",例（2）"请裂故吴之地,方五百里,以封子墨子"。例（3）（4）（5）（6）假设分句分别假设某种情况,诱导出结果分句,向对方提出建议。例(3)正句用一个反问句来表明十分肯定的意见;例(4)(5)(6)正句是陈述句,分别使用"则""当""皆"等词语表示明确的建议。

《墨子》假设复句主要用来表示推知,共 112 例,占 44%;其次用来表示评断,共 67例,占 26%;再次用来表示建议和质疑,分别是 44 例和 31 例,占 17% 和 13%。

小结:《墨子》假设复句主要分为两大类:用"关联法"形成的假设复句和"意合法"形成的假设复句。其中,用"关联法"形成的假设复句共 256 例,占假设复句总量的 61%;"意合法"形成的假设复句共 167 例,占 39%。可见,假设复句中偏句和正句之间的关系主要依靠关联词语来体现。

《墨子》假设复句使用最多的假设连词是"若",其次是"今",再次是"若苟""苟",出现最少的是"使"。使用最多的承接连词是"则"。假设复句用途十分广泛,主要用于表示推知和评断,也可用于表示质疑和建议。

第九章　因果复句

目前学术界把因果复句分为广义因果复句和狭义因果复句两类。"广义因果类复句是表示广义因果关系的各类复句的总称,"①其中包括因果复句、条件复句、目的复句、假设复句等。狭义因果复句单表狭义的因果关系,属于偏正复句的一种,不包括条件复句、目的复句和假设复句。杨伯峻、何乐士认为:"因果复句的分句之间有原因和结果的关系。它又可分为两类,一类是先因后果,另一类是先果后因。无论哪一类,重点都在后分句,因此我们把它们都归入偏正复句。"②根据《墨子》复句使用的实际情况,我们认为《墨子》中的因果复句属于偏正复句的一种,前分句无论是表因还是表果都是偏句,后分句无论是表果还是表因都是表义重点,是正句。因此本章以狭义因果复句为考察对象,不涉及条件复句、目的复句及假设复句。

据我们粗略的统计,《墨子》一书复句有 2626 个,因果复句共 290 个,占复句总量的11%。本章统计的因果复句不包括《墨子》引用其他典籍中的因果复句及包含在其他偏正复句中的因果复句。按照分句之间的逻辑关系,《墨子》因果复句可分为两大类:由因到果和由果溯因。

第一节　由因到果

由因到果式因果复句指表因分句在前,是偏句;表果分句在后,是正句。先说原因,引出结果。按照分句之间的结合是否有关系标志可以把《墨子》因果复句分为有标因果复句和意合句两类。分句之间有关联词语连接的为有标因果复句,反之为意合句。邢福义将复句关系词语大致分为四类:一是句间连词,只连接分句,而不充当句子成分,比如"虽然""但是"等;二是关联副词,既起关联作用,又在句中充当状语,比如"又""也"等;三是助词"的话",用在假设分句末尾;四是超词形式,本身已不是一个词,而是比词大的语法单位,比如"不但不,反而"等。③《墨子》因果复句中的关联词语既包括"故""以""为""是故""是以"等连词,也包括"遂"等副词,或"之所以""于是""因此"等固定词组。

---

① 邢福义:《汉语复句研究》,商务印书馆,2003 年,40 页。
② 杨伯峻、何乐士:《古汉语语法及其发展》,语文出版社,2001 年,963 页。
③ 邢福义:《汉语复句研究》,商务印书馆,2003 年,28～29 页。

有时候分句中只有句末语气词表示原因或结果,如"……者""……也"等,我们也归入有标因果复句。

根据分句是否使用关联词语,可以把由因到果的因果复句分为两大类:意合句和有标因果复句。

一、意合句

分句之间的因果关系依靠句意来显示,包括单重复句、二重复句或多重复句等几种情况。共 31 例。例如:

(1)吾口乱,不知其甘苦之味。(天志下)
(2)子不能治子之身,恶能治国政?(公孟)
(3)吾目乱,不知黑白之别。(天志下)
(4)是围心而虚天下也,子之言不可用也。(贵义)

例(1)(2)(3)(4)为单重由因及果的因果复句,即偏句和正句都是单句。分句之间虽然没有关联词语连接,但从文意上看,因果关系很明显。例(1)是陈述两种情况间的因果关系,例(2)由事实原因推出主观结论。例(3)(4)由客观情况推出主观判断。例(1)(2)(3)偏句和正句的主语相同,正句都承前省略了主语。例(4)偏句和正句的主语不同,例(1)~(4)偏句和正句皆为动词谓语句。例(2)正句是一个反问句。

(5)天下之为学者众,而仁者寡,若皆法其学,此法不仁也。(七患)
(6)帝以今日杀黑龙于北方,而先生之色黑,不可以北。(贵义)
(7)天子者,固天下之仁人也,举天下之万民以法天子,夫天下何说而不治哉?(尚同中)
(8)此仁也,义也,孝子之事也,为人谋者不可不劝也。(节葬下)
(9)天下有义则治,无义则乱,我以此知义之为正也。(天志下)
(10)鲍幼弱,在荷襁之中,鲍何与识焉?(明鬼下)
(11)商人之四方,市贾信徙,虽有关梁之难,盗贼之危,必为之。(贵义)
(12)今孔子博于诗书,察于礼乐,详于万物,若使孔子当圣王,则岂不以孔子为天子哉?(公孟)

例(5)~(12)为二重因果复句,即具有两个结构层次的复句。例(5)偏句和正句都是复句,"天下之为学者众,而仁者寡"是原因分句,内部是转折关系,有转折连词"而"为标志。结果分句由一个假设复句构成,有假设连词"若"为标记。偏句表示原因,正句表示推断。例(6)表因偏句为一个由"而"连接的转折复句,正句是单句,是一个祈使句,表示在上述原因的基础上提出建议。例(7)"天子者,固天下之仁人也,举天下之万民以法天子"是原因分句,之间是顺承关系,最后一个分句是结果分句,因果复句表示推定的因果关系。例(8)前三个并列关系的分句是原因分句,由三个判断句组成,最后一个分句是结果分句,偏句指出行为的理由,正句指出某种行为。例(9)前两个分句是偏句,之间是对比关系,最后一个分句是正句。偏句指出某种事实,正句由此推出"义之为正"的观点。例(10)前两个并列的分句是偏句,最后一个反问句是正句,整个因果复句揭示客观事实之间的因果关系。例(11)"商人之四方,市贾信徙"是原因分句,之间是顺承关系,最后三个分句是结果分句。其中"虽有关梁之难,盗贼之危"与"必为之"之间是让步关系,由让步连词"虽"引导,整个复句的偏句表示某种事实,正句表示推论。例(12)前三个分句是原因分句,之间是并列关系,后两个分句是结果正句,之间是假设关系,假设分句中有假设连词"若",结果分句有连词"则"。整个因果分句的偏句表示某种事实,正句表示推论。

(13)贪于饮食,惰于作务,陷于饥寒,危于冻馁,无以违之。(非儒下)

(14)夫众盗贼而寡治者,以此求治,譬犹使人三还而毋负己也,治之说无可得焉。(节葬下)

例(13)(14)为多重因果复句,即具有三个及以上结构层次的复句。例(13)前两个分句与后三个分句之间为因果关系,偏句表示某种行为,正句表示行为的后果。表因偏句两个分句之间是并列关系,表果正句由三个分句组成:"陷于饥寒,危于冻馁"与"无以违之"之间是承接关系,"陷于饥寒,危于冻馁"之间又是并列关系。例(14)第一个分句是表因偏句,为一个单句,是动词性非主谓句,与后面三个分句构成因果关系。正句表示推论。表果正句由三个分句组成,"以此求治"与"譬犹使人三还而毋负己也,治之说无可得焉"之间是按断关系,以譬喻句作断语,"譬犹使人三还而毋负己也,治之说无可得焉"之间又是承接关系。

二、有标因果复句

根据偏句和正句使用关联词语或语气词的情况,有标志的因果复句可以分为两类:仅正句使用关联词语或语气词;偏句和正句都有关联词语或语气词。共211例。

(一)仅正句使用关联词语或语气词

1.使用连词
共192例。可以分为单重复句、二重复句及多重复句几种情况。
(1)单重因果复句。例如:

①为宫室若此,故左右皆法象之。(辞过)

②用刑则不善,故遂以为五杀。(尚同中)

③圣王皆以尚同为政,故天下治。(尚同下)

④夫桀无待汤之备,故放;纣无待武之备,故杀。(七患)

⑤女子废其纺织而脩文采,故民寒;男子离其耕稼而脩刻镂,故民饥。(辞过)

例①~⑤正句使用表果连词"故",例④⑤是两个并列的因果复句。例①②因果复句说明行为的理由,例③因果复句揭示两种现象之间的因果关系,例④⑤偏句解释了导致某种不好结果的原因。除了例③偏句和正句的主语相同外,其余分句主语都不相同。

⑥彼不能收用彼众,是故亡。(非攻中)

⑦是故天之欲同一天下之义也,是故选择贤者立为天子。(尚同下)

⑧故古圣王必以鬼神为赏贤而罚暴,是故赏必于祖而僇必于社。(明鬼下)

例⑥⑦⑧正句都使用复音连词"是故","是故"是代词"是"和连词"故"组成的复音节连词,"是"代上文所述内容,"故"起连接作用,本义为"这个缘故",可译为"因此"、"所以"等。例⑥偏句说明"亡"的原因,解释两种现象之间的因果联系。例⑦⑧因果复句说明行为的理由。例⑥⑦⑧偏句和正句的主语一致。

⑨天子以其知力为未足独治天下,是以选择其次立为三公。(尚同下)

⑩婴不知孔某之有异于白公也,是以不对。(非儒下)

⑪鬼神者固请无有,是以不共其酒醴粢盛牺牲之财。(明鬼下)

⑫此皆是其义而非人之义,是以厚者有斗而薄者有争。(尚同下)

例⑨~⑫正句使用复音连词"是以","是以"由代词"是"和介词"以"这一介宾结构虚化而来,本义是"由于这样""由于这个",也可以译为"所以"。例⑨~⑫因果复句的正句都表示某种行为,偏句用以解释行为的理由。例⑨⑩⑪偏句和正句的主语相同,例⑫分句主语各不相同。

⑬今孔某之行如此,儒士则可以疑矣。(非儒下)

⑭人劳我逸,则我甲兵强。(非攻下)

⑮今唯毋废一时,则百姓饥寒冻馁而死者,不可胜数。(非攻中)

⑯百门而闭一门焉,则盗何遽无从入?(公孟)

例⑬~⑯正句都使用连词"则"。例⑬⑭连词"则"在主语之后,例⑮⑯"则"在主语之前。例⑬⑭因果复句解释两种现象之间的因果联系,例⑮⑯因果复句表示行为及行为的后果之间的因果联系。

（2）二重因果复句。例如：

①父自爱也不爱子,故亏子而自利;兄自爱也不爱弟,故亏弟而自利;君自爱也不爱臣,故亏臣而自利。（兼爱中）

②圣人者,事无辞也,物无违也,故能为天下器。（亲士）

③此四王者所染当,故王天下,立为天子,功名蔽天地。（所染）

④圣王以为不中人之情,故作诲妇人治丝麻、捆布绢,以为民衣。（辞过）

⑤贼爱其身,不爱人,故贼人以利其身。（兼爱上）

⑥内无拘女,外无寡夫,故天下之民众。（辞过）

例①～⑥正句都使用了连词"故"。例①是三个并列的因果复句。偏句说明心理原因,正句使用表果连词"故"指明这一原因导致的行为后果。每一个因果复句的表因偏句和表果正句又由一个紧缩转折复句构成,偏句的转折关系意合表示,正句有转折连词"而"连接。例②表因分句由前两个并列的分句组成,"圣人者,事无辞也,物无违也,"最后一个分句是表果分句,偏句揭示行为的原因,正句表示某种结果。例③表因分句是单句,表示某种行为,表果分句由三个并列分句组成,表示适当的行为产生好的结果。例④偏句是单句,表示某种心理认识,正句是一个由连词"以"引导的目的复句,表示某种行为和要达到的目的。例⑤⑥前两个对比关系的分句是因果复句的偏句,表示行为或现象,最后一个分句是正句,表示某种结果。

⑦故先民以时生财,固本而用财,则财足。（七患）

⑧所谓古之言服者,皆尝新矣,而古人言之、服之,则非君子也。（非儒下）

⑨今天下莫为义,则子如劝我者也,何故止我？（贵义）

⑩是故昔者尧有舜,舜有禹,禹有皋陶,汤有小臣,武王有闳夭、泰颠、南宫括、散宜生,而天下和、庶民富。（尚贤下）

例⑦～⑨正句都使用了连词"则",例⑩正句使用了连词"而"。例⑦前两个分句是表因偏句,之间是顺承关系,表示某种方法、措施,最后一个分句是表果正句,表示结果。该因果复句表示正确的方式和正确的结果之间的因果联系。例⑧前两个分句是偏句,即"所谓古之言服者,皆尝新矣,而古人言之、服之",其间是转折关系,"而"是表转折的连词。正句是一个单句,是否定性的名词非谓语句,由连词"则"来连接。例⑧省略了一个大前提:君子必古言服,然后仁。所以正句不是直接从偏句推出,而是结合大前提推论出来。因果复句表示人们认识上的逻辑联系。例⑨第一个分句是偏句,表示某种社会现象,后两个分句是正句,表示某种行为,之间是转折关系,偏句表示原因,正句表示建议。例⑩偏句由五个并列关系的分句组成,分句都是主谓结构,正句由两个并列的分句组成,两个分句都是形容词性谓语句。偏句和正句用连词"而"来连接,表示两种事件或情况间的因果联系。

⑪人君为舟车如此,故左右象之,是以其民饥寒并至,故为奸邪。(辞过)

⑫天屑临文王慈,是以老而无子者,有所得终其寿;连独无兄弟者,有所杂于生人之间;少失其父母者,有所放依而长。(兼爱中)

⑬故节于身,诲于民,是以天下之民可得而治,财用可得而足。(辞过)

⑭其为政若此,是以谋事得,举事成,入守固,出诛胜者。(尚同中)

⑮天下之为国数也甚多,此皆是其国而非人之国,是以厚者有战,而薄者有争。(尚同下)

⑯不能善事亲戚君长,甚恶恭俭而好简易,贪饮食而惰从事,衣食之财不足,是以身有陷乎饥寒冻馁之忧。(非命下)

例⑪~⑯正句都使用了连词"是以"。例⑪偏句和正句内部又分别由一个用表果连词"故"连接的因果复句构成。偏句表示某种错误的行为,正句表示导致的不良后果。例⑫第一个分句是表因分句,后面"是以老而无子者,有所得终其寿;连独无兄弟者,有所杂于生人之间;少失其父母者,有所放依而长"是三个并列的分句,因果复句表示两种现象之间的因果联系。例⑬前两个并列关系的分句是偏句,后两个并列关系的分句是正句,偏句表示某种行为,正句表示行为的结果。例⑭第一个分句是偏句,后四个并列关系的分句是正句,偏句表示"为政"的方式,正句表示正确的方式产生的有效的结果。例⑮前两个分句是偏句,之间是顺承关系,后两个分句是表果正句,分句之间是对比关系,因果复句解释"战争"产生的客观原因。例⑯前四个并列的分句是因果复句的表因分句,最后一个分句是表果分句,偏句表示某些不当的行为,正句表示不好的后果。

⑰且夫王公大人有所爱其色而使,其心不察其知而与其爱,是故不能治百人者,使处乎千人之官,不能治千人者,使处乎万人之官。(尚贤中)

⑱明乎民之无正长以一同天下之义,而天下乱也,是故选择天下贤良圣知辩慧之人,立以为天子,使从事乎一同天下之义。(尚同中)

⑲其为正长若此,是故上者天鬼有厚乎其为政长也,下者万民有便利乎其为政长也。

例⑰~⑲正句都使用了连词"是故"。例⑰前两个分句是表因分句,其间是顺承关系,后面"是故不能治百人者,使处乎千人之官,不能治千人者,使处乎万人之官。"是表果分句,"是故不能治百人者,使处乎千人之官"与"不能治千人者,使处乎万人之官"也是顺承关系。因果复句表示主观认识和行为之间的逻辑关系。例⑱"明乎民之无正长以一同天下之义,而天下乱也"是表因分句,之间是转折连词"而"引导的转折关系,"是故选择天下贤良圣知辩慧之人,立以为天子"和"使从事乎一同天下之义"这两个分句是表果正句,之间是顺承关系。因果复句表示行为的理由。例⑲第一个分句是表因偏句,后面两个对比关系的分句是表果正句,因果复句表示两种现象之间的逻辑关系。

（3）多重因果复句。

①彼以为强必治,不强必乱;强必宁,不强必危,故不敢怠倦。（非命下）

②今贤良之人,尊贤而好功道术,故上得其王公大人之赏,下得其万民之誉,遂得光誉令问于天下。（非命下）

例①②正句使用连词"故"。例①前四个分句是表因分句,最有一个分句是表果分句。其中,"彼以为强必治,不强必乱"与"强必宁,不强必危"之间是第二层关系,之间是并列关系。"彼以为强必治"与"不强必乱"、"强必宁"与"不强必危"之间又是对比关系。偏句表示事实原因,正句表示主观态度。例②"今贤良之人,尊贤而好功道术"是表因偏句,后面三个分句是表果正句,其中"上得其王公大人之赏,下得其万民之誉"与"遂得光誉令问于天下"之间是第二层次,是顺承关系,"上得其王公大人之赏,下得其万民之誉"之间是第三层次对比关系。偏句表示行为,正句表示行为的结果。

③明乎民之无正长以一同天下之义,而天下乱也,是故选择天下贤良圣知辩慧之人,立以为天子,使从乎一同天下之义。（尚同中）

④若有寇乱盗贼,有甲盾五兵者胜,无者不胜,是故圣人作为甲盾五兵。（节用上）

⑤今惟毋在乎农夫说乐而听之,即必不能蚤出暮入,耕稼树艺,多聚叔粟,是故叔粟不足。（非乐上）

⑥凡其为此物也,无不加用而为者,是故用财不费,民德不劳,其兴利多矣。（节用上）

⑦民知上置正长之非正以治民也,是以皆比周隐匿,而莫肯尚同其上,是故上下不同义。（尚同中）

例③~⑦正句使用连词"是故"。例③表因偏句由前两个分句组成,其间也是因果关系,表示行事的理由,表果正句由后三个分句构成,其中"是故选择天下贤良圣知辩慧之人,立以为天子"这两个分句之间是顺承关系,这两个分句与最后一个分句又形成目的关系。例④前三个分句是偏句,"若有寇乱盗贼"与"有甲盾五兵者胜,无者不胜"是第二层次假设关系,有假设连词"若"引导,"有甲盾五兵者胜"与"无者不胜"是第三层次对比关系。因果复句表示行为的理由。例⑤前四个分句与最后一个分句之间是第一层次因果关系,"今惟毋在乎农夫说乐而听之"与"即必不能蚤出暮入,耕稼树艺,多聚叔粟"之间是第二层次假设关系,"即必不能蚤出暮入""耕稼树艺""多聚叔粟"这三个分句之间是并列关系,是第三层次。因果复句表示"叔粟不足"的主观原因和客观原因。例⑥前两个分句是表因分句,之间是条件关系,后三个分句是表果分句,其中"是故用财不费,民德不劳"与"其兴利多矣"之间是第二层次因果关系,"是故用财不费,民德不劳"这两个分句之间是第三层次并列关系。因果复句表示两种行为、现象之间的因果联系。例⑦第一层次到"是故"前,是因果关系,"民知上置正长之非正以治民也"与"是以皆比周隐匿,而莫肯尚同其上"之间是第二层次,也是因果关系,由连词"是以"连接,第三层次在"是以皆比周隐匿"与"而莫肯尚同其上"之间,是顺承关系。因果复句表示根据事实作出某种推论。

　　⑧既曰若法,未知所以行之术,则事犹若未成,是以必为置三本。(尚贤中)
　　⑨贤者之长官也,夜寝夙兴,收敛关市、山林、泽梁之利,以实官府,是以官府实而财不散。(尚贤中)
　　⑩利人多,功故又大,是以天赏之,鬼富之,人誉之,使贵为天子,富有天下,名参乎天地,至今不废。(非攻下)

　　例⑧~⑩正句都使用连词"是以"。例⑧前三个分句是整个因果复句的表因偏句,这三个分句中前两个分句与第三个分句之间是假设关系,即"既曰若法,未知所以行之术"与"则事犹若未成"形成假设复句,前两个分句内部又是转折关系。表果正句是一个单句,表示建议。例⑨第一层次到"是以"前,是因果关系,"贤者之长官也,夜寝夙兴,收敛关市、山林、泽梁之利"与"以实官府"之间是第二层次目的关系,"贤者之长官也,夜寝夙兴"与"收敛关市、山林、泽梁之利"之间是第三层次顺承关系。因果复句的偏句表示恰当的行为,正句表示好的结果。例⑩前两个分句是表因分句,之间也是因果关系,用连词"故"连接,后面"是以天赏之,鬼富之,人誉之"与"使贵为天子,富有天下,名参乎天地,至今不废"之间是顺承关系,是第二层次,"是以天赏之,鬼富之,人誉之"这三个分句之间又是并列关系,是第三层次,"使贵为天子,富有天下,名参乎天地,至今不废"这几个分句之间是顺承关系。因果复句论证了"利人"的功劳和好处。
　　2.使用副词或语气词
　　共4例。例如:

　　(1)昔上世暴王,不忍其耳目之淫,心涂之辟,不顺其亲戚,遂以亡失国家,倾覆社稷。(非命中)
　　(2)夫高爵而无禄,民不信也。(尚贤中)
　　(3)今王公大人惟毋为乐,亏夺民衣食之财以拊乐如此之也。(非乐上)

　　例(1)是一个二重由因推果的因果复句。"昔上世暴王,不忍其耳目之淫,心涂之辟,不顺其亲戚"是表因偏句,"昔上世暴王,不忍其耳目之淫,心涂之辟"是一个分句,"不顺其亲戚"是一个分句,这两个分句间是并列关系;表果正句使用了有连接作用的副词"遂",可译为"就""以致于",表示行为的后果。正句也由两个并列的分句组成。例(2)(3)正句句末都使用了语气词"也",例(2)(3)偏句表示某种事实,正句表示推出某种结论。

3.使用固定词组

共3例。例如：

(1)夫愚且贱者,不得为政乎贵且知者,然后得为政乎愚且贱者,此吾所以知义之不从愚且贱者出,而必自贵且知者出也。(天志中)

(2)楚之兵节,越之兵不节,楚人因此若执,亟败越人。(鲁问)

(3)逮夏,下润湿,上熏蒸,恐伤民之气,于是作为宫室而利。(节用中)

例(1)(2)为二重因果复句,例(3)是一个三重因果复句。正句分别使用了固定词组"所以、因此、于是"等,"所以"是由代词"所"和介词"以"组成的惯用词组。"因此"由介词"因"和代词"此"组成,意为"由于这个""凭借这样"。"于是"是介词"于"和代词"是"组合而成,本义为"在这时",可灵活翻译为"就""所以"。先秦"所以""因此""于是"等还没有虚化为后世的复合表果连词。

例(1)中"夫愚且贱者,不得为政乎贵且知者"是一个分句,"然后得为政乎愚且贱者"省略了主语"贵且知者",这两个并列关系的分句是整个因果复句的偏句,正句也由两个并列关系的分句构成,正句使用了词组"所以"。偏句表示事实原因,正句表示推论。例(2)偏句由前两个并列关系的分句组成,正句也包含两个分句,之间是顺承关系。正句中使用了固定词组"因此",解释两种事理间的因果关系。例(3)偏句包括前四个分句,说明行为的理由;正句是一个单句,使用了词组"于是"表示作出某种行为,这里"于是"相当于"就""所以"。偏句的四个分句中,前三个分句与第四个分句之间是顺承关系,前三个分句中,"逮夏"是时间状语,"下润湿,上熏蒸"之间是对比关系。

(二)偏句和正句都使用关联词语或语气词

偏句和正句都使用连词、关联副词或语气词表示因果关系的因果复句不多,共16例。例如:

(1)国君唯能壹同国之义,是以国治也。(尚同上)

(2)天子唯能壹同天下之义,是以天下治也。(尚同上)

(3)唯信甚而从事,故利若此。(尚同下)

(4)古者圣王为大川广谷之不可济,于是利为舟楫,足以将之则止。(节用中)

(5)是围心而虚天下也,子之言不可用也。(公孟)

例(1)(2)(3)(5)是单重因果复句,例(4)是二重因果复句。例(1)(2)偏句使用语气词"唯",与正句复音节连词"是以"相呼应,表示原因的唯一性。例(3)偏句用语气词"唯",正句使用连词"故",表示对原因的强调。例(4)偏句是一个单句,使用了连词

"为",表示行为的原因,正句使用词组"于是",表示有所行为,正句包含两个分句,之间是按断关系。例(5)偏句和正句都使用了语气词"也",前一个用以提示原因,后一个表示某种建议。

《墨子》由因到果因果复句中关联词语的使用情况见表9-1:

表9-1　《墨子》由因到果因果复句使用关联词语情况表

偏句	正句	句数	偏句	正句	句数
	故	90		于是	1
	是以	55		因此	1
	是故	28	唯	是以	5
	则	18	唯	故	3
	而	1	为	于是	2
	所以	1	唯	是故	1
	遂	1	也	也	5

由表9-1可知,在由因到果的因果复句中,没有仅偏句使用关联词语的例子;仅正句使用关联词语共195例,其中连词"故"的用量最大,为90例,占总数的46%,其次是复音节连词"是以""是故",分别为55例,28例,占28%和14%。连词"而"、副词"遂"、词组"所以""因此"等使用较少。偏句和正句都使用关联词语的16例,主要是语气词"唯"与连词"是以""故"等搭配,出现次数都比较少。

第二节　由果溯因

现实世界中的因果关系总是先因后果,但人们的认识或表述顺序并不总是这种由因及果的方式,有时候出于某种需要,可以先说结果,再说原因,即由果溯因的表述顺序。这样的表述大多数是为了强调原因,或者由结果推出原因,有时是说明一种情况后,再补充说明原因。由果溯因式因果复句表示结果的分句在前,表示原因的分句在后。由于语言的中心一般在后,所以在前的表果分句为偏句,在后的表因分句为正句。根据分句是否使用关联词语,可以把由果溯因的因果复句分为两大类:意合句和有标因果复句。

一、意合句

包括单重复句、二重复句或多重复句等几种情况。共13例。例如:

(1)子姑亡,子之身乱之矣。(公孟)

(2)故鬼神之明,不可为幽闲广泽、山林深谷,鬼神之明必知之。(明鬼下)

(3)古者圣王必以鬼神为有,其务鬼神厚矣。(明鬼下)

例(1)(2)(3)是单重因果复句。偏句都是动词谓语句,例(1)(3)的正句为形容词谓语句,例(2)的正句是主谓谓语句。例(1)(2)偏句提出建议,正句解释客观原因。例(3)偏句提出某种主观认定的结论,正句指出这种结论依赖的事实原因。

(4)上之所赏,命固且赏,非贤故赏也。(非命上)

(5)故唯使雄不耕稼树艺,雌亦不纺绩织纴,衣食之财固已具矣。(非乐上)

(6)虽有深溪博林、幽涧毋人之所,施行不可以不董,见有鬼神视之。(明鬼下)

例(4)(5)(6)是二重因果复句。例(4)第一个分句是表果分句,后面两个分句是表因分句,之间是对比关系,偏句表示某种行为,正句解释行为理由。例(5)偏句由前两个并列的分句组成,正句是一个形容词谓语句,解释偏句所述行为的原因。例(6)偏句也包括两个分句,其间是让步关系,有让步连词"虽"作标记,正句是一个非主谓句。偏句提出建议,正句解释原因。

(7)二子事亲,或遇孰,或遇凶,其亲也相若。非彼其行益也非加也,外执无能厚吾利者。(大取)

(8)故约食为其难为也,然后为而灵王说之,未踰于世而民可移也,即求以乡其上也。(兼爱下)

(9)今天下好战之国,齐晋楚越,若使此四国者得意于天下,此皆十倍其国之众,而未能食其地也,是人不足而地有余也。(非攻下)

例(7)(8)(9)是多重因果复句,例(7)(8)是三重复句,例(9)是四重复句。例(7)表果偏句包含前四个分句,表因正句由后三个分句组成。前四个分句中,第一个分句与后三个分句之间是承接关系,"或遇孰,或遇凶"与"其亲也相若"之间是转折关系,"或遇孰,或遇凶"又是并列关系。正句的两个分句之间是对比关系。例(8)前三个分句是偏句,最后一个分句是正句。其中"故约食为其难为也,然后为而灵王说之"与"未踰于世而民可移也"之间是因果关系,是第二层次,"故约食为其难为也"与"然后为而灵王说之"之间又是转折关系,是第三层次。整个因果复句表果分句指出一种现象,表因分句推断原因。例(9)第一层次到"是人不足而地有余也"前,是因果关系;"今天下好战之国,齐晋楚越"与"若使此四国者得意于天下,此皆十倍其国之众,而未能食其地也"之间是第二层次,是顺承关系;"若使此四国者得意于天下"与"此皆十倍其国之众,而未能食其地也"之间是第三层次假设关系,有假设连词"若"引导;"此皆十倍其国之众"与"而未能食其地也"之间是第四层次转折关系,有转折连词"而"连接。因果复句的偏句表示某种现象,正句推出某种结论揭示现象背后的原因。

二、有标因果复句

有标志的因果复句可以分为三种情况,仅正句使用关联词语或语气词;仅偏句使用关联词语;偏句和正句都有关联词语或语气词。共35例。

(一)仅正句使用关联词语或语气词

1. 使用连词

共10例。例如:

(1)为天下厚爱禹,乃为禹之爱人也。(大取)

(2)有其异也,为其同也。(大取)

(3)所谓贵良宝者,为其可以利也。(耕柱)

例(1)(2)(3)为单重因果复句,正句都使用了连词"为",意为"因为",句末有语气词"也"呼应,用以解释"厚爱禹""有其异""贵良宝"的原因。

(4)故我曰瞽不知白黑者,非以其名也,以其取也。(贵义)

(5)此六君者,非不重其国、爱其身也,以不知要故也。(所染)

(6)名立而功成,美章而恶不生,则由得士也。(尚贤上)

(7)将必使当年,因其耳目之聪明,股肱之毕强,声之和调,眉之转朴。(非乐上)

例(4)(5)(6)(7)是二重因果复句。例(4)偏句是单句,正句由两个正反对比关系的分句构成,两个分句都由连词"以"连接,"以"可译为"由于""因为"等,句末有语气词"也"配合表示原因。例(5)表果偏句是一个紧缩并列复句,表因正句是单句,用介词"以"连接,句末有语气词"也"配合表示原因。例(6)表果偏句由两个并列的分句构成,表因正句是单句,用复音节连词"则由"连接,连词"则""由"连用强调"得士"的重要性,体现了前后分句之间鲜明的因果联系。例(7)第一个分句是偏句,偏句为一个非主谓句,正句包含后面四个并列的分句,正句用连词"因"表示"必使当年"的原因。

(8)其倍之,非外取地也,因其国家去其无用之费,足以倍之。(节用上)

例(8)为三重因果复句,第一个分句是偏句,是一个单句,表示结果,后面三个分句是正句,表示原因。正句使用连词"因"与偏句连接。其中"非外取地也"与"因其国家去其无用之费,足以倍之"之间是第二层次,为对比关系,"因其国家去其无用之费"与"足以倍之"之间是第三层次按断关系。

2. 使用语气词

共 10 例。例如:

(1)是故比干之殪,其抗也;孟贲之杀,其勇也;西施之沈,其美也;吴起之裂,其事也。(亲士)

(2)子未察吾言之类,未明其故者也。(非攻下)

(3)是故子墨子曰别非而兼是者,出乎若方也。(兼爱下)

(4)故国离寇敌则伤,民见凶饥则亡,此皆备不具之罪也。(七患)

(5)为人之家若为其家,夫谁独举其家以乱人之家哉?为彼犹为己也。(兼爱下)

以上例句表果偏句没有关系标记,仅表因正句有语气词"也",提示对原因的说明。"也"可"用于陈述句句末,用以加强原因、结果、动机、目的和情况的解释说明。"[1]例(1)(2)(3)是单重因果复句,例(1)是三个并列的因果复句,偏句都是动词谓语句,正句都是判断句。例(2)偏句、正句都是否定性的动词谓语句。例(3)偏句和正句都是动词谓语句。例(1)(2)(3)因果复句由已然的事实推出主观认定的原因。例(4)(5)是二重因果复句,偏句都由前两个分句组成,正句都是单句。因果复句都表明两种事理之间的因果联系。例(4)的偏句是一个并列复句,例(5)的偏句是一个假设复句。

(二)仅偏句使用关联词语

仅 1 例。如:

故唯昔三代圣王尧舜禹汤文武之所以王天下、正诸侯者,此亦其法已。(尚贤中)

例中表果偏句使用固定词组"之所以"表示结果,正句解释"王天下、正诸侯"的原因。

(三)偏句和正句都使用关联词语或语气词

偏句常使用的关联词语包括固定词组"之所以"等,正句往往用"以……也"的格式配合使用,共 14 例。如:

(1)察九有之所以亡者,徒从饰乐也。(非乐上)

(2)古者明王圣人,其所以王天下、正诸侯者,此也。(节用中)

---

① 中国社会科学院语言研究所古代汉语研究室编:《古代汉语虚词词典》,商务印书馆,1999 年,690 页。

（3）我所以知命之有与亡者，以众人耳目之情知有与亡。（非命中）

（4）计苢之所以亡于齐越之间者，以是攻战也。（非攻中）

（5）天下之所以生者，以先王之道教也。（耕柱）

（6）虽南者陈蔡，其所以亡于吴越之间者，亦以攻战。（非攻中）

（7）是故子墨子之所以非乐者，非以大钟鸣鼓、琴瑟竽笙之声以为不乐也，非以刻镂华文章之色以为不美也，非以犓豢煎炙之味以为不甘也，非以高台厚榭邃野之居以为不安也。（非乐上）

（8）不知要者，所染不当也。（所染）

（9）察天以纵弃纣而不葆者，反天之意也。（天志中）

（10）三子之能达名成功于天下也，皆于其国抑而大丑也。（亲士）

（11）天下之治也，汤武之力也；天下之乱也，桀纣之罪也。（非命下）

以上例句除了例（7）是二重因果复句外，其余都是单重因果复句。例（1）（2）偏句都使用固定格式"（之）所以……者"表示结果，正句句末用语气词"也"与之相呼应，提示原因。例（3）（4）（5）（6）（7）偏句使用"（之）所以……者"的格式，正句使用"以……（也）"的格式与之呼应，表示对原因的强调。例（7）以四个并列的"非以……也"句式连用组成因果复句的正句，解释墨子"非乐"的原因不在这些，而在于不利于万民。例（8）（9）偏句用"……者"的句式，正句用"……也"与之配合，表示由事实的结果推出主观认定之结论的逻辑关系。白兆麟认为："先果后因的因果复句，在古籍里往往借用'……者，……也'呼应的判断格式来表达。"[①]例（10）（11）偏句使用"……也"的格式表示结果，正句也用"……也"的判断格式表示对原因的推断。例（11）是两个并列的因果复句。

《墨子》由果溯因因果复句中关联词语的使用情况见表9-2。

表9-2　《墨子》由果溯因因果复句使用关联词语情况表

偏句	正句	句数	偏句	正句	句数
之所以		1		因	2
	以	4	……者	……也	3
	为	3	……也	……也	3
	……也	10	之所以	以	6
	则由	1	之所以……者	……也	2

由表9-2可知，有标由果溯因因果复句中，仅偏句使用关联词语的例子较少，仅1例。仅正句使用关联词语或语气词的例子较多，共20例。以连词"以""为"和句末语气

---

①　白兆麟：《〈盐铁论〉句法研究》，商务印书馆，2003年，200页。

词"也"的使用为常见。偏句和正句配合使用关联词语的 14 例。主要是固定词组"之所以"与连词"以"的配合使用。

总之,《墨子》因果复句共 290 例,其中意合式 44 例,占总量的 15% ;有标因果复句 246 例,占 85%。《墨子》中由因到果的因果复句 242 例,占总数的 83% ,由果溯因的因果复句共 48 例,占 17%。可见,《墨子》因果复句主要采用由因到果的逻辑顺序,因果关系主要通过关联词语体现。(见表 9-3)

表 9-3 《墨子》因果复句统计总表

类别	由因到果		由果溯因	
	意合式	有标式	意合式	有标式
总计	31	211	13	35
总计	242		48	

第三节 《墨子》因果复句的语义模式

因果复句的语义模式指根据分句的语义差异对因果复句进行的下位分类。邵敬敏根据语义把"原因—结果"复句分为三种类型:说明因果复句、推断因果复句和无奈因果复句。[①] 根据《墨子》因果复句表因分句和表果分句之间的语义关系,《墨子》因果复句的语义模式可分为说明性因果复句、推论性因果复句、定名性因果复句。

一、说明性因果复句

说明性因果复句指客观陈述事件、情况或行为之间的因果关系,或说明客观现实间的因果关系,或解释行为的理由,或陈述行为的后果。一般来说,说明性因果复句表因分句和表果分句所陈述的事件或行为、情况都是客观存在的或者已经发生的,即已然的事实或既定的事实。逻辑上可以是由因及果式,也可以是由果溯因式。按照语义因素,说明性因果复句又可以分为以下三类。

(一)解释因果关系

例如:

---

① 邵敬敏:《建议以语义特征为标志的汉语复句教学新系统刍议》,《世界汉语教学》,2007 年第 4 期。

(1)是故江河不恶小谷之满己也,故能大。（亲士）

(2)为者疾,食者众,则岁无丰。（七患）

(3)古圣王皆以鬼神为神明,而为祸福,执有祥不祥,是以政治而国安也。（公孟）

(4)昔者文王封于岐周,绝长继短,方地百里,与其百姓兼相爱、交相利,是以近者安其政,远者归其德。（非命上）

(5)当今之君,其蓄私也,大国拘女累千,小国累百,是以天下之男多寡无妻,女多拘无夫,男女失时,故民少。（辞过）

(6)虽南者陈蔡,其所以亡于吴越之间者,亦以攻战。（非攻中）

例(1)~(5)都是由因到果。例(1)解释说明客观现实之间的因果联系,例(2)说明"为者疾,食者众"与"岁无丰"之间的必然联系。例(3)说明"明鬼"与"政治而国安"的因果联系,例(4)偏句指出文王"兼相爱、交相利",正句得出结论"近者安其政,远者归其德",用因果复句来论证作者"兼爱"的论点。例(5)解释当今之君"蓄私拘女"从而导致"民少"的事实。

例(6)先说结果,再说明原因,客观陈述了陈蔡灭亡的原因是"攻战"。

（二）说明行为理由

例如:

(1)昔者楚灵王好士细腰,故灵王之臣皆以一饭为节,胁息然后带,扶墙然后起,比期年,朝有黧黑之色。（兼爱中）

(2)我贪伐胜之名,及得之利,故为之。（非攻中）

(3)君说之,故臣为之也。（兼爱中）

(4)将为其上中天之利,而中中鬼之利,而下中人之利,故誉之。（非攻下）

(5)今诸侯独知爱其国,不爱人之国,是以不惮举其国以攻人之国。（兼爱中）

(6)则夫好攻伐之君不知此为不仁不义也,其邻国之君不知此为不仁不义也,是以攻伐世世而不已者。（天志下）

(7)与我言而不当,曰"待女以千盆",授我五百盆,故去之也。（贵义）

以上表因分句和表果分句所述事实均为已然事件,例(1)说明"灵王之臣以一饭为节"的原因是"楚灵王好士细腰",偏句和正句的主语不同。例(2)偏句和正句的主语相同,都是"我",偏句解释"为之"的理由是"贪伐胜之名,及得之利"。例(3)偏句和正句的主语各不相同,偏句述说行为的理由。例(4)偏句为三个顺承关系的复句,正句以连词"故"连接,偏句说明"誉"之原因。例(5)前两个对比关系的分句是表因偏句,正句用连词"是以"连接,说明"举其国以攻人之国"的理由。例(6)前两个并列关系的分句是表因偏句,正句用连词"是以"连接,说明"攻伐世世不已"之原因。例(7)是三重因果复句,最后一个分句是表果正句,前三个分句为表因偏句。偏句用一个二重总分复句解释"去之"的原因。

(三)说明行为后果

例如:

(1)人君为舟车如此,故左右象之,是以其民饥寒并至,故为奸邪。(辞过)

(2)此六君者所染不当,故国家残亡,身为刑戮,宗庙破灭,绝无后类,君臣离散,民人流亡。(所染)

(3)故曰以其极赏以赐无功,虚其府库以备车马衣裘奇怪,苦其役徒以治宫室观乐,死又厚为棺椁,多为衣裘,生时治台榭,死又修坟墓,故民苦于外,府库单于内。(七患)

(4)无积委,城郭不修,上下不调和,是故大国耆攻之。(节葬下)

例(1)偏句是单句,是正句用"是以"连接的二重因果复句,例(2)偏句是单句,正句是"故"引导的六个并列分句。例(3)偏句由七个并列关系的分句构成,正句由"故"连接,包含两个并列的小分句。例(4)偏句包括前三个并列关系的分句,正句由连词"是故"连接。例(1)(2)(3)(4)偏句都表示某种不当的行为,正句表示这种行为导致的一系列不良后果,"是以""故""是故"可译为"以致于",这种复句类似于邵敬敏提出的"无奈因果复句",语义中含有说话人必须面对或接受的某种不好的结果。邢福义也认为"'……以致……'也是因果句式。……这一句式强调乙事受到甲事的强烈影响,而乙事是一种不好的或不正常的结果。"①

二、推论性因果复句

推论性因果句中,偏句表达内容为根据或理由,正句表达内容是根据这一理由推论出的结果,偏句和正句所述情况都不一定是已然事实或既定事实,偏句的理由可以是客观事实根据,也可以是说话人主观认定的事实(实际上可能并非如此),正句的结论也不一定是已经实现的情况,或不一定能实现。从逻辑上看,这类复句既可以是由原因推出结果,采用由因及果的顺序,也可能是由结果推断原因,按照由果到因的顺序。《墨子》是论述性散文,叙述实际发生的事件或事实的语言少,论述性的语言多,论辩性极强。虽然因果复句大量使用,但是据实说明因果关系的少,较多的是根据事实依据或作者主观认定的依据推论出某种结果或得出某种结论或观点。根据分句语义因素,推论性因果句又

---

① 邢福义:《汉语复句研究》,商务印书馆,2003年,74页。

可以分为以下四种情况。

（一）推出结论

例如：

（1）故节于身，诲于民，是以天下之民可得而治，财用可得而足。（辞过）

（2）其为用财少，而为利多，是以民乐而利之。（辞过）

（3）贤者之治国也，蚤朝晏退，听狱治政，是以国家治而刑法正。（尚贤中）

（4）昔之圣王禹汤文武，兼爱天下之百姓，率以尊天事鬼，其利人多，故天福之，使立为天子，天下诸侯皆宾事之。（法仪）

（5）天之行广而无私，其施厚而不德，其明久而不衰，故圣王法之。（法仪）

（6）故武王必以鬼神为有，是故攻殷伐纣，使诸侯分其祭。（明鬼下）

例（1）表因偏句实际上是一种政治措施的建议或假设，"节于身，诲于民"，由这样的措施可以使"天下之民可得而治，财用可得而足。"能愿动词"可得"表示结论的推断性而非据实性。例（2）前两个分句为表因偏句，偏句指出一种事实，正句推出一种主观认定的结论。例（3）前三个分句是偏句，表示某种治国行为或事实，最后一个分句由连词"是以"连接，是正句，正句是结论，既是主观认定的，同时也可能是客观上实现的事情。例（4）表因偏句表述的是已然的事实，而表果偏句得出的结论却是作者认定的事实，即"天福之，使立为天子。"这是为作者的"天志"观服务的，而非现实客观存在。例（5）表因偏句由三个分句组成，是说话人主观认定的"依据"，不是现实依据，表果正句所得结论"圣王法之"也是说话人主观认定。例（6）偏句有表示主观肯定语气的副词"必"，原因是主观认定的事实，结论"（武王）攻殷伐纣"却是已然事实。

（二）推断原因

例如：

（1）乡长唯能壹同乡之义，是以乡治也。（尚同上）

（2）藉为人之国若为其国，夫谁独举其国以攻人之国者哉？为彼者由为己也。（兼爱下）

（3）察山川鬼神之所以莫敢不宁者，以佐谋禹也。（明鬼下）

（4）宫无拘女，故天下无寡夫。（辞过）

（5）昔上世之穷民，贪于饮食，惰于从事，是以衣食之财不足，而饥寒冻馁之忧至。（非命上）

例（1）整个因果复句并非对事实因果关系的论述，而是论辩性的，正句"乡治"的情况是一种假说,目的是要引出作者"尚同"的观点学说,虽然采用了由因到果的顺序,但重在由结果推断原因,即"乡治"的原因是"壹同乡之义",偏句中有语气词"唯",表示对原因的强调。例(2)(3)是由果溯因,例(2)表果偏句是一个假设复句,正句是基于某种假设的情况判断原因,推断之意更加明显。例(3)偏句、正句所述内容均非客观存在,而是说话人主观认定,为作者的"鬼神说"服务,因此正句所述原因乃作者主观推断。例(4)(5)虽然都采用了由因到果的论述方式,但语义重点都是强调原因。如例(4)从反面说明了天下多"寡夫"的原因在于"宫内拘女"多,从而谴责了统治阶级荒淫的生活。例(5)在于说明"上世之穷民"遭受"饥寒冻馁"的原因不在于"命",而在于"贪于饮食,惰于从事",作者借此论证自己"非命"、强调人力的论点。

(三)提出论点

例如:

(1)自贵且智者为政乎愚且贱者则治,自愚且贱者为政乎贵且智者则乱,是以知尚贤之为政本也。(尚贤中)

(2)执有命者,此天下之厚害也,是故子墨子非也。(非命中)

(3)天下有义则治,无义则乱,我以此知义之为正也。(天志下)

(4)凡天下祸篡怨恨可使毋起者,以相爱生也,是以仁者誉之。(兼爱中)

以上例句偏句所述内容都是说话人主观认为正确的信息,即认定的事实,而不是现实中已经实现的情况。正句据此而提出某个观点。如例(1)偏句为一个对比复句,在正句中提出"尚贤"的观点。例(2)据偏句所谓"执有命者,此天下之厚害也",在正句中提出"非命"的论点。例(3)偏句指出"天下有义则治,无义则乱"的情况,据此正句得出"义正、贵义"的观点。例(4)正句提出"兼爱"的论点。由此看来,《墨子》中常常利用因果复句来提出或证明自身论点。

(四)提出建议

例如:

(1)法不仁,不可以为法。(法仪)

(2)今天下莫为义,子独自苦而为义,子不若已。(贵义)

(3)子不葬,则人将笑子,故劝子葬也。(公孟)

(4)既曰若法,未知所以行之术,则事犹若未成,是以必为置三本。(尚贤中)

(5)子姑亡,子之身乱之矣!(公孟)

(6)惟法其言,用其谋,行其道,上可而利天,中可而利鬼,下可而利人,是故推而上之。(尚贤下)

例(1)偏句指出事实"法不仁",正句因此提出建议"不可以为法。"例(2)前两个分句为偏句,之间是转折关系,偏句所述内容为已然发生的事实,正句提出说话人的意见。例(3)偏句由一个假设复句构成,即"子不葬,则人将笑子,"所依据原因是虚拟事实,正句据此进行规劝。例(4)偏句所述内容也是论述性的,并非现实中的真实事件,论述是为了引出正句"必为置三本"的措施建议。例(5)是由果溯因的因果复句,偏句"子姑亡"表示建议,正句"子之身乱之矣"指出原因。例(6)前面六个分句是因果复句的表因偏句,最后一个分句是由连词"是故"引导的表果正句,提出建议。表因分句中,"惟法其言,用其谋,行其道"与"上可而利天,中可而利鬼,下可而利人"之间是第二层次,为假设关系;"惟法其言,用其谋,行其道"这三个分句之间是第三层次,是并列关系,"上可而利天,中可而利鬼,下可而利人"这三个分句之间是顺承关系。例(6)正句所提出的建议也是基于某种假设的情况。

三、命名性因果复句

《墨子·经说上》对名实的关系有过精辟论述:"所以谓,名也;所谓,实也。""有之实也,而后谓之;无之实也,则无谓也。"就是说有实才有名,无实则无名,即名是对实的称谓。《墨子·小取》又说:"以名举实。"《墨子》的因果复句也有很多先陈述客观存在或事实然后再命名的例子。所谓命名性因果复句,是偏句陈述某种事实或现象,正句对这种现象进行概括性地总结或评价。偏句所述往往是已经发生的事实或情况,正句所述是说话人的主观认识或评价。

(1)故彼人者,寡不死其所长,故曰"太盛难守"也。(亲士)

(2)其子长,而无报子求父,故天下之君子与谓之不仁不祥。(天志中)

(3)三利无所不利,故举天下美名加之,谓之圣王。(天志上)

(4)彼用无为有,故谓矫。(非命下)

例(1)根据偏句所述事实,正句归纳出某种规律性的看法、认识,即"太盛难守"。例(2)(3)正句都是对偏句所述人物行为特征的评价。例(4)正句对"用无为有"这种现象进行定义、命名为"矫"。此类因果复句正句中一般都有动词"曰""谓""谓之"等为标志。

小结:按照分句间的逻辑顺序,《墨子》因果复句可以分为由因到果式和由果溯因式两类。其中,由因到果的因果复句242例,占总数的83%,由果溯因的因果复句共48例,占17%。可见,《墨子》因果复句主要采用由因到果的逻辑顺序。按照分句间是否有关联词语连接,《墨子》因果复句又可以分为意合式和有标式两类。其中意合式44例,占总量的15%;有标因果复句246例,占85%。可见,因果关系主要通过关联词语体现。按照语义模式,《墨子》因果复句可分为说明性因果复句、推论性因果复句、定名性因果复句三类。其中,说明性因果复句和推论性因果复句是最主要的。

第十章　转折复句

据我们粗略的统计,《墨子》一书共有转折复句202个。本书统计的转折复句不包括《墨子》引用其他典籍中的转折复句及包含在其他偏正复句中的转折复句。根据前分句是否使用预示转折的特定标志,可以把《墨子》转折复句分为让步性转折复句和非让步性转折复句两大类。

第一节　让步性转折复句

让步性转折复句也叫让步句或让转句式,是先让步后转折的句式。前分句有表示让步的连词"虽"作标志,是偏句;后分句语义与前分句相反或相对,表示转折,是正句。吕叔湘把让步句分为两类:纵予句和容认句,认为"容认句所承认的是实在的事实,纵予句所承认的是假设的事实。"①考察《墨子》中的让步句,既可表示事实让步,"虽"可译为"虽然",也可表示虚拟让步,"虽"可译为"即使"。"区分这两种'虽'的方法,主要是根据上下文,看'虽'小句所表达的究竟是假设还是事实。"②例如:

(1)虽使我有病,何遽不明?(公孟)

(2)子虽能收用子之众,子岂若古者吴阖闾哉?(非攻中)

(3)虽杀臣,不能绝也。(公输)

(4)当此,虽禹汤为之谋,必不能易矣。(公孟)

例(1)(2)偏句所述为已然事实,"虽"表示事实让步。例(3)(4)偏句明显是提出假设,"虽"表示虚拟让步。

《墨子》的让步句偏句都有让步连词"虽",正句一般没有相对应的关联词语,有时正句有本身表转折义的连词或配合文义表转折的连词或副词与"虽"相呼应。

---

①　吕叔湘:《吕叔湘文集(第1卷)》,商务印书馆,1990年,434页。

②　张玉金:《出土战国文献虚词研究》,人民出版社,2011年,345页。

一、偏句用"虽",正句无相应的关联词语

共 38 例。例如:

(1)美女虽不出,人多求之。(公孟)

(2)命虽强劲,何益哉?(非命上)

(3)虽然,天下之难物于故也。(兼爱中)

(4)虽有君亲之大利,弗问不言。(非儒下)

(5)虽有诋讦之民,无所依矣。(修身)

(6)故虽有贤君,不爱无功之臣;虽有慈父,不爱无益之子。(亲士)

(7)虽其一人之盗,苟不智其所在,尽恶其弱也。(贵义)

(8)虽子不得福,吾言何遽不善?而鬼神何遽不明?(公孟)

(9)故虽治国,劝之无厌,然后可也。(公孟)

(10)故虽贱人也,上比之农,下比之药,曾不若一草之本乎?(贵义)

偏句中的让步连词"虽"句法位置比较灵活,可以在主语之后,谓语之前,如例(1)(2);偏句的主语可以不出现,"虽"位于让步分句之首、分句谓语之前,如例(3)~(6),例(3)"虽"和"然"组成惯用词组,"然"是谓词性代词,"虽然"意为"虽然如此""虽然这样"。"虽"还可以在句首主语前,如例(7)(8);"虽"前还可以有连词"故",如例(9)(10)。

以上例(1)~(6)是单重转折复句。例(6)是两个并列的单重复句。让步性转折复句的正句可以是肯定句,如例(1)(3);也可以是否定句,如例(4)(5)(6);还可以是反问句,如例(2)(8)。例(7)(8)(9)是二重复句,例(7)(8)(9)第一个分句都是转折复句的偏句,后面两个分句是正句。例(7)后两个分句之间是假设关系,用假设连词"苟"引导,例(8)后两个分句之间是并列关系,例(9)后两个分句之间是顺承关系。例(10)是三重复句,第一个分句是转折复句的偏句,后面三个分句是正句,其中"上比之农,下比之药"与"曾不若一草之本乎"之间是顺承关系,而"上比之农,下比之药"之间又是对比关系。

二、偏句用"虽",正句有连词与之呼应

共 7 例。例如:

(1)君子战虽有陈,而勇为本焉;丧虽有礼,而哀为本焉;士虽有学,而行为本焉。(修身)

(2)若人唯使得上之赏,而辟百姓之毁。(尚同下)

（3）厚葬久丧虽使不可以富贫众寡、定危治乱，然此圣王之道也。（节葬下）

（4）虽身知其安也，口知其甘也，目知其美也，耳知其乐也，然上考之不中圣王之事，下度之不中万民之利。（非乐上）

（5）意虽使然，然而天下之陈物曰先生者先死。（明鬼下）

（6）虽其一人之盗，苟不智其所在，尽恶其弱也。（大取）

例（1）（2）为单重复句，偏句用让步连词"虽（唯）"，正句用连词"而"与之呼应，构成"虽……，而……"的格式。白兆麟认为："连词'而'字既可以用于顺接，又可以用于逆接，是一个纯粹连词。但是配合上下文义用'而'字表示转折，却是古书里最常见的格式。"①杨伯峻认为："'而'作连词，表轻转的多，可译为'却'。"②例（1）由三个并列的让步复句组成，例（2）偏句中的"唯"通"虽"。王引之："虽即唯也，古字通。"③杨树达《词诠》云："唯，推拓连词，与虽同用。"④例（3）（4）正句用转折连词"然"与偏句的"虽"对照，形成"虽……，然……"的固定格式，表示先让步后转折的关系。例（4）是二重让步复句，偏句包含前四个并列关系的分句，正句由后两个对比关系的分句构成。例（5）（6）是单重让步复句，例（5）正句用复音节转折连词"然而"与"虽"呼应，构成"虽……，然而……"的格式。例（6）"虽"与"苟"前后呼应，构成"虽……，苟……，……"的固定格式。

三、偏句用"虽"，正句有副词与之呼应

共24例。例如：

（1）若此者，虽不扣必鸣者也。（公孟）

（2）当此，虽禹汤为之谋，必不能易矣。（公孟）

（3）虽然，公输盘为我为云梯，必取宋。（公输）

（4）虽然，婴闻所谓贤人者，入人之国，必务合其君臣之亲，而弥其上下之怨。（非儒下）

以上例（1）（2）是单重让步复句，例（3）是二重让步复句，例（4）是三重让步复句。例（1）（2）（3）（4）"虽"与副词"必"对照，构成"虽……必……"的固定格式。例（1）是一个紧缩让步复句，例（2）（3）偏句使用"虽然"固定词组，正句用副词"必"表示强烈的转折之意。例（3）偏句是"虽然"，正句包含两个分句，之间是因果关系。例（4）偏句是一个"虽

---

① 白兆麟：《〈盐铁论〉句法研究》，商务印书馆，2003年，173页。

② 杨伯峻：《古汉语虚词》，中华书局，1981年，30页。

③ ［清］孙诒让撰，孙启治点校：《墨子闲诂》，中华书局，2001年，54页。

④ 杨树达：《词诠》，上海古籍出版社，2007年，371页。

然"词组构成的单句,正句包含三个小分句,"婴闻所谓贤人者,入人之国"与"必务合其君臣之亲,而弥其上下之怨。"之间是假设关系,"必务合其君臣之亲"与"而弥其上下之怨"这两个分句之间又构成并列关系。

(5)虽然,岂可用哉?(兼爱下)
(6)故虽上世之圣王,岂能使五谷常收,而旱水不至哉?(七患)
(7)子虽能收用子之众,子岂若古者吴阖闾哉?(非攻中)

例(5)(6)(7)偏句用"虽"或"虽然",正句是反问句,用反诘副词"岂"相呼应,构成"虽(然)……岂……"的固定格式,可译为"虽然(即使)……难道……"。

(8)虽日夜相接以治若官,官犹若不治。(尚贤中)
(9)虽四五国则得利焉,犹谓之非行道也。(非攻中)

例(8)(9)偏句用"虽",正句用副词"犹"与之对照,形成"虽……犹……"的格式,可译为"虽然……仍然……"。《词诠》说:"犹,尚也。与今语'还'同。凡已过之境有稽留,或余势未能即消时用之。"①

(10)虽南者陈蔡,其所以亡于吴越之间者,亦以攻战。(非攻中)
(11)虽至大夫之相乱家、诸侯之相攻国者,亦然。(兼爱上)
(12)虽至士之为将相者皆有法,虽至百工从事者亦皆有法。(法仪)

例(10)(11)(12)"虽"与正句的副词"亦"形成"虽……亦……"的固定格式,可译为"即使……也……""就是……也……"。《古代汉语虚词词典》谓:"(亦)用于让步转折复句的后一分句或紧缩句的后一部分,表示转折。"②

(13)虽仁者之为天下度,亦犹此也。(节葬下)
(14)虽中国之俗,亦犹是也。(鲁问)

例(13)(14)偏句用"虽",正句使用复合虚词"亦犹",形成"虽……亦犹……"的固定格式,可译为"虽然……也仍然""即使……也还……"等。

---

① 杨树达:《词诠》,上海古籍出版社,2007年,337页。
② 中国社会科学院语言研究所:《古代汉语虚词词典》,商务印书馆,1999年,723页。

第二节 非让步性转折复句

非让步性转折复句指一般的转折复句,前后分句表达的意思相反或相对,表意的重点在后分句,因此为偏正复句。一般偏句没有关联词语,仅正句有表示转折的关联词语。有时正句也没有关联词语,仅靠句意的转折来连接前后分句。与让步句先让后转不同,转折句是分句间有突然转折关系的复句。非让步性转折复句可分为有标志(即有关联词语)的转折句和无标志(无关联词语)的转折句。无标志的转折复句指复句中分句之间的关系用意合的方式来表现。

一、意合式

意合式转折复句指转折复句的偏句和正句都没有关联词语,依靠句意来形成转折关系,可分为单重复句、二重复句和多重复句等几种情况,共 54 例。如:

(1)子兼爱天下,未云利也;我不爱天下,未云贼也。(耕柱)

(2)已有善不能傍荐之,上有过不能规谏之。(尚同中)

(3)博学不可使议世,劳思不可以补民,累寿不能尽其学,当年不能行其礼,积财不能瞻其乐。(非儒下)

(4)是故求以富国家,甚得贫焉;欲以众人民,甚得寡焉;欲以治刑政,甚得乱焉。(节葬下)

(5)非儒,何故称于孔子也?(公孟)

(6)齐君由谦杀之,恐不辜;犹谦释之,恐失有罪。(明鬼下)

(7)今天下之士君子之书不可胜载,言语不可尽计,上说诸侯,下说列士,其于仁义则大相远也。(天志上)

(8)是以数千万里之外有为善者,其室人未偏知,乡里未偏闻,天子得而赏之。(尚同中)

例(1)~(6)是单重转折句。例(1)(2)是两个并列的转折复句,正句语义与偏句的推论相反,即"兼爱天下"本应有利,却"未云利也";"我不爱天下"本应为贼,却"未云贼也"。例(2)"已有善"本该"傍荐之",却云"不能傍荐之","上有过"本该"规谏之",却说"不能规谏之",肯定否定相对,句意相反,形成转折。例(3)是五个并列的紧缩转折复句,也是通过因果违逆形成转折关系。例(4)由三个并列的转折句组成,前后分句句意相反,如"富"与"贫"、"众"与"寡"、"治"与"乱"的对立。例(5)正句以一个反问句表示与偏句所表达语义相违逆。例(6)也是两个并列转折复句,偏句和正句的语义不是对立相反的关系,而是补充说明的关系,如偏句之意为欲"杀之",正句补充"恐不辜",从而形成转折。例(7)是二重转折复句,偏句包含前四个分句,之间是并列关系,正句为单句。偏句用四个分句来讨论士君子之言语的繁盛,正句却指出其不合仁义,用事物相反的性质形成转折。例(8)是三重转折复句,偏句包含前三个分句,其中"是以数千万里之外有为善者"与"其室人未徧知,乡里未徧闻"之间是承接关系,"其室人未徧知,乡里未徧闻"这两个分句之间又是并列关系。转折复句的正句是一个单句。偏句和正句语义直接相反构成转折。

二、有标式

《墨子》有标志的转折复句关联词语主要包括两类:一是"转折连词",如"而""然""然而"等;二是"承接连词或有关联作用的副词",如"则""又"等。共76例。

(一)用"而"式

转折复句的正句用连词"而"连接表示转折最为常见,"而"可连接紧缩复句的两个分句,也可位于正句分句之首。共49例。例如:

(1)君子循而不作。(非儒下)

(2)有富贵而不为备也。(七患)

(3)今吾事先生久矣,而福不至。(公孟)

(4)未闻为其所欲,而免其所恶者也。(亲士)

(5)昔者文公出走而正天下,桓公去国而霸诸侯,越王勾践遇吴王之丑而尚摄中国之贤君。(亲士)

(6)立命缓贫而高浩居,倍本弃事而安怠傲。(非儒下)

(7)是故求以众人民,而既以不可矣。(节葬下)

(8)方今之时,天下之正长犹未废乎天下也,而天下之所以乱者,何故之以也?(尚同中)

例(1)(2)(5)(6)是紧缩转折句,前后两部分由连词"而"连接,例(3)(4)(7)(8)"而"位于正句分句之首。例(1)(2)都以前面肯定后面否定的形式构成转折。例(3)(4)正句与偏句的推论语义相反,例(3)"今吾事先生久矣",理应"福至",而"福"却"不至"。例(4)"为其所欲"与"免其所恶"比较,构成转折。例(5)是三个并列的转折复句,例(6)是两个并列的转折复句,都通过正句与偏句的推论语义相反构成转折。例(7)正句对偏句的内容进行补充说明构成转折。例(8)是二重转折复句,第一个分句是偏句,后两个分句是正句,之间是顺承关系。例(8)偏句"天下之正长犹未废乎天下也",由此应当推出"天下不当乱"之语义,然而正句与偏句的推论语义相反,从而构成转折。

（二）用"然"式

"然"本身即有转折义,常常用于正句分句句首,共 13 例。例如:

(1)良弓难张,然可以及高入深;良马难乘,然可以任重致远;良才难令,然可以致君见尊。(亲士)

(2)今天下之士君子以吾言不然,然即姑尝数天下分事,而观乐之害。(非乐上)

(3)不能为君者,伤形费神,愁心劳意,然国逾危,身逾辱。(所染)

(4)故昔夏王桀贵为天子,富有天下,有勇力之人推哆、大戏,生列兕虎,指画杀人,人民之众兆亿,侯盈厥泽陵,然不能以此围鬼神之诛。(明鬼下)

例(1)是三个并列的单重转折复句,由事物两个相反的特性之间的对比形成转折,如良弓"难张",但能"及高入深"。例(2)(3)(4)都是二重转折句。例(2)偏句是一个单句,正句由一个并列复句构成,偏句和正句语义反映了两种情况之间的对立,即借"肯定乐"与"非乐"的矛盾形成转折。例(3)偏句和正句都由一个并列复句组成。偏句"伤形费神,愁心劳意",按照常理,应该得出"国家治理得很好"的结论,正句却是"国逾危,身逾辱",偏句的推论与正句语义恰好相反,构成转折。例(4)偏句用七个并列的分句来描述夏王桀的富贵、强大,正句指出如此之富贵强大却"不能围鬼神之诛",利用人物截然相反的特性构成转折。

（三）用"然而"式

"然而"是表示转折的复音节连词,共 7 例。例如:

(1)此其离凶饿甚矣,然而民不冻饿者,何也?(七患)

(2)纣贵为天子,富有天下,然而皆灭亡于百里之君者,何也?(七患)

(3)今士坐而言义,无关梁之难,盗贼之危,此为信徒不可胜计,然而不为。(贵义)

(4)难则难矣,然而未仁也。(鲁问)

例(1)偏句"离凶饿甚矣",正句"民不冻饿",偏句和正句语义直接相反,构成转折。例(2)偏句"贵为天子,富有天下"与正句"灭亡于百里之君"语义也是直接相反。例(3)是多重转折复句,最后一个分句是连词"然而"引导的转折复句的正句,"今士坐而言义,无关梁之难,盗贼之危,此为信徒不可胜计"是偏句,其中,"今士坐而言义,无关梁之难,盗贼之危"与"此为信徒不可胜计"之间是第二层次按断关系,"今士坐而言义"与"无关梁之难,盗贼之危"之间是第三层次顺承关系。正句与偏句的推论相反构成转折。例(4)偏句有让步之意,主谓之间有"则"连接,句末有语气词"矣",可译为"虽然是难"。

(四)其他式

正句也可以使用复合虚词"然且"(1 例)、连词"则"(5 例)或副词"又"(3 例)、"反"(1 例)等表示转折。例如:

(1)故衣食者,人之生利也,然且犹尚有节。(节葬下)

(2)今王公大人之为葬埋,则异于此。(节葬下)

(3)今至大为攻国,则弗知非,从而誉之,谓之义。(非攻上)

(4)求以禁止大国之攻小国也,而既已不可矣;欲以干上帝鬼神之福,又得祸焉。(节葬下)

(5)是言有三物焉,子乃今知其一身也,又未知其所谓也。(公孟)

(6)奈何其欲为高君子于天下,而有复信众之耳目之请哉?(明鬼下)

(7)计其所得,反不如所丧者之多。(非攻中)

以上例(1)(2)是单重复句,例(1)偏句是一个判断句,正句用复合虚词"然且"表示转折。正句在肯定偏句所述内容的基础上加以限制,即肯定衣食为"人之生利"的前提下,补充说明衣食"犹尚有节"。例(2)偏句是单句,正句用了承接连词"则",根据文意,"则"在这里可译为"却"。例(2)比较的对象在句外,上下文里,"今王公大人之为葬埋"与古之圣人的葬埋对比形成转折。例(3)正句由三个分句组成,"则弗知非"与"从而誉之,谓之义"之间是承接关系,"从而誉之"与"谓之义"又是按断关系。"不义攻国"与"谓之义"句意相反而形成转折。例(4)(5)转折复句的正句都使用了副词"又",关联副词"又"可"表示轻微的转折"。① 例(4)是两个并列的转折复句,前一个转折句正句用了连词"而",后一个转折句正句用了关联副词"又","而"和"又"对照,都表转折。两个转折复句偏句和正句意义直接相反形成转折。例(5)前两个分句为转折复句的偏句,之间是承接关系,最后一个分句是转折复句的正句。正句用副词"又"对偏句内容加以补充说明。例(6)"有"通"又",正句使用复合虚词"而有(又)"表示转折。例(7)正句使用了转折副词"反","反""用于动词前,表示动作行为与事理或预期的情况相反,可译为'反而'、'却'等"。②

《墨子》转折复句的总体情况见表10-1。

---

① 中国社会科学院语言研究所:《古代汉语虚词词典》,商务印书馆,1999 年,757 页。

② 中国社会科学院语言研究所:《古代汉语虚词词典》,商务印书馆,1999 年,132 页。

表10-1　《墨子》转折复句统计表

类别	让步性转折复句		非让步性转折复句				
	仅偏句用"虽"	偏句、正句都用关联词语	意合式	有标式			
				而	然	然而	其他
句数	38	31	54	49	13	7	10
总计	69		133				

由表10-1可知,让步性转折复句69例,占34%,非让步性转折复句133例,占66%,可见非让步性转折句远远多于让步性转折句。在转折复句所使用的关联词语中,让步连词"虽"和转折连词"而""然"都比较常见。

让步性转折复句与非让步性转折复句的区别是:首先,转折语势不同。"在转折语势上,用'虽然……但是……'句式,转折意味笼罩全句,仅从前面就知道后面将有转折"。[①]而非让步性转折复句没有事先的心理铺垫,是"直转""突转"。其次,表达效果不同。让步性转折复句由于前面先有让步,使听话人有一个心理准备,转折程度轻,语气较为委婉;而非让步性转折句一般属于"重转",偏句正句对比鲜明强烈,语气直接而凌厉,从而给人留下深刻印象,起到强调的作用。非让步性转折复句适用于辩论色彩浓厚的文章,《墨子》一书善于雄辩,逻辑性强,因此运用的非让步性转折复句就很多。

第三节　《墨子》转折复句的语义类型

吕叔湘认为:"凡是上下两事不谐和的,即所谓句意背戾的,都属于转折句。"[②]这说明"句意悖逆"是转折句的基本特征,但转折复句内部的逻辑语义关系是十分丰富的,从转折复句前后分句的逻辑语义关系上看,《墨子》转折复句可分为三种类型:逆预期性转折复句、对比性转折复句和限制补充性转折复句。

一、逆预期性转折复句

逆预期性转折复句是指偏句或偏句的推论与正句语义全部相反或部分相反的转折复句。胡裕树指出:"在转折关系中,说话的人心目中有一个预设:如果出现甲事,就会出

---

①　邢福义:《汉语复句研究》,商务印书馆,2003年,306页。

②　吕叔湘:《吕叔湘文集(第1卷)》,商务印书馆,1990年,340页。

现乙事。而句子说明的事实是:出现了甲事,乙事却不能成立。因此尽管承认偏句中所陈述的事实,但表意的重点总是放在正句上。"①逆预期性转折复句形成的基础是"因果违逆"关系。例如:

(1)虽日夜相接以治若官,官犹若不治。(尚贤中)

(2)今王公大人亦欲效人以尚贤使能为政,高予之爵,而禄不从也。(尚贤中)

(3)虽使我有病,何遽不明?(公孟)

(4)则是虽使得上之赏,未足以劝乎!(尚同中)

例(1)"治若官"与"若不治"语义完全相反、直接对立而形成转折。例(2)(3)(4)正句与偏句的推论相对,如例(2)偏句指出"高予之爵",根据常规事理,应该也伴随着"厚禄",但正句是"禄不从也",形成转折。例(3)偏句提出"我有病"的事实,按照常理,如果有鬼神庇佑,人不会生病,因此偏句的推论是没有鬼神或"鬼神不明",正句以反问的形式肯定鬼神的存在且"鬼神神明",正句和偏句推论语义相对构成转折。例(4)"得上之赏"一般会对他人形成示范或劝勉效应,但正句却是"未足以劝乎",从而构成转折。

二、对比性转折复句

对比性转折复句中,偏句与正句语义直接形成对比,在语言形式上偏句和正句中往往存在意义相对或相反的句法成分。包括同一事物或事件不同性质特征的对比或两种事物现象同一性质特征的对比。例如:

(1)故善为君者,劳于论人,而佚于治官。(所染)

(2)周虽旧邦,其命维新。(明鬼下)

(3)意独子墨子有此,而先生无此其有邪?(尚同下)

(4)杀我亲,而喜我以楚国。(鲁问)

(5)意可以择士,而不可以择君乎?(兼爱下)

(6)鲁祝以一豚祭,而求百福于鬼神。(鲁问)

例(1)(2)是同一对象的两个不同性质方面的对比,例(1)"善为君者"在"论人"和"治官"两个方面具有相对立的属性:"劳"与"佚"。例(2)是"旧邦"与"新命"方面的对比。例(3)是两个对象在同一性质特征方面的对比,即"子墨子"和"先生"在"有此""无此"方面呈现矛盾属性。例(4)是两个事件之间的对比,"杀我亲"和"喜我以楚国"是对

---

① 胡裕树:《现代汉语》,上海教育出版社,1995 年,367 页。

立关系,构成转折。例(5)(6)是同一主体的两种行为之间的对比,例(5)是"可以择士"与"不可以择君"的比较,例(6)偏句中的数词"一"与正句中的数词"百"相对照,意为"一豚祭"不应求"百福",突显"一豚祭"与"求百福"的矛盾对立。

三、限制补充性转折复句

限制补充性转折复句中,前后分句语义既不是相反或相对的关系,也不是对比或比较的关系,而是在肯定前分句所述内容的基础上,后分句对之加以限制或补充、说明。如:

(1)是言有三物焉,子乃今知其一身也,又未知其所谓也。(公孟)

(2)君子战虽有陈,而勇为本焉;丧虽有礼,而哀为本焉;士虽有学,而行为本焉。(修身)

(3)虽使鬼神请亡,此犹可以合驩聚众,取亲于乡里。(明鬼下)

(4)吾当未盐数,天下之良书不可尽计数,大方论数,而五者是也。(非命上)

(5)言无务为多而务为智,无务为文而务为察。(修身)

例(1)正句对偏句所述内容加以限制,即"知其一身",却"未知其所谓",从程度上进行限制。例(2)在肯定"战有陈""丧有礼""士有学"的基础上进一步指出"勇为本""哀为本""行为本",前后分句语义并不矛盾或对立,而是加强语义、补充说明的关系。例(3)偏句假定"鬼神请亡",正句在肯定偏句所述内容的基础上进一步说明,(祭祀)不仅可以取悦鬼神,还可以"合驩聚众,取亲于乡里",偏句和正句之间是补充说明关系。例(4)正句肯定"天下之良书不可尽计数",同时进行修正,大致数来,只有五种。例(5)是两个并列的紧缩转折复句,"言无务为多"与"务为智"、"无务为文"与"务为察"之间不是对立关系而是递进关系。

小结:根据前分句是否使用预示转折的特定标志,可以把《墨子》转折复句分为让步性转折复句和非让步性转折复句两大类。其中,让步性转折复句69例,占34%,非让步性转折复句133例,占66%,可见《墨子》主要使用非让步性转折复句。在转折复句所使用的关联词语中,让步连词"虽"和转折连词"而""然"都比较常见。

从转折复句前后分句的逻辑语义关系上看,《墨子》转折复句可分为三种类型:逆预期性转折复句、对比性转折复句和限制补充性转折复句。

第十一章　目的复句和递进复句

第一节　目的复句

目的复句是一种偏正复句,前分句表示行动,是实现某种愿望的凭借、依据,是偏句,后分句表示目的,是采取某种行动所要实现的结果,是正句。古代汉语目的复句的形式标志主要是正句用连词"以"或"为"等表示目的。目的复句是否有不用连词为标志,意合而成的呢? 杨伯峻、何乐士认为有意合目的复句,[①]但白兆麟认为"除非复句内部的逻辑关系十分明确,一般我们不把纯用意合法构成的复句纳入某种偏正复句。"[②]关于《墨子》中目的复句的确认,我们基本同意白兆麟的说法,即目的复句分句中一般有连词或其他的形式标志。《墨子》目的复句共 86 例,其中无形式标志的目的复句仅 1 例,例如:

故圣人之为衣服,适身体、和肌肤而足矣,非荣耳目而观愚民也。(辞过)

这个例子第一个分句是偏句,表示行为,结构为"主语+之+谓语",表示语义未完,偏句、正句的区分很明显;第二个分句与第三个分句组成的对比复句是正句,表示行为达到的目的和要避免的结果,句末有语气词"也"与偏句相呼应。

《墨子》目的复句中,正句用连词"以"来连接并表示目的的例句最多,共 76 例,占总量的 88%。其次是用连词"为"连接,仅 5 例,占 6%。正句没有连词连接,但是有表示目的的动词如"使""欲"等,共 4 例,占 5%。

一、正句用连词"以"连接

(一) 单重目的复句

例如:

---

① 杨伯峻、何乐士:《古汉语语法及其发展》,语文出版社,2001 年,988 页。
② 白兆麟:《〈盐铁论〉句法研究》,商务印书馆,2003 年,167 页。

（1）求圣君哲人，以裨辅而身。（尚贤中）

（2）古者圣王为五刑，以治其民。（尚同下）

（3）轮匠执其规矩，以度天下之方圆。（天志上）

（4）公输盘为楚造云梯之械成，将以攻宋。（公输）

（5）昔者圣王制为五刑，以治天下，逮至有苗之制五刑，以乱天下。（尚同中）

（6）是以老而无妻子者，有所侍养以终其寿；幼弱孤童之无父母者，有所放依以长其身。（兼爱下）

（7）薪土俱上，以为羊垆；积土为高，以临民。（襟守）

（8）故圣人作诲男耕稼树艺，以为民食。（辞过）

（9）故又使家君总其家之义，以尚同于国君。（尚同上）

（10）故古者之置正长也，将以治民也。（尚同中）

以上目的复句的偏句和正句都是单句，偏句和正句的主语都相同，正句连词“以”后是动宾短语。例（1）主语省略，偏句是动宾短语。例（2）～（6）偏句都是主谓短语。例（5）是两个并列的目的复句，前面“圣王制五刑”的目的是“治天下”，后面“有苗制五刑”的目的是“乱天下”，两个复句内容形成对比。第二个复句偏句为“主语+之+谓语”的形式，表示语意未完，突出正句表目的的作用。例（6）（7）也是两个并列的目的复句，例（6）偏句的主语都是一个“者”字词组。例（8）（9）偏句是一个兼语短语，例（10）偏句为“主语+之+谓语”的形式，句末有语气词“也”，偏句句意未尽，正句是“以……也”的形式，与偏句相呼应。例（4）（10）连词“以”前有表将来的副词“将”，目的性更明显。

（11）繁饰邪术以营世君，盛为声乐以淫遇民。（非儒下）

（12）孔某盛容修饰以蛊世，弦歌鼓舞以聚众，繁登降之礼以示仪，务趋翔之节以观众。（非儒下）

例（11）（12）是并列的紧缩目的复句，用连词“以”连接。例（11）包含两个目的复句，例（12）是四个并列的紧缩目的复句。

（二）二重目的复句

例如：

（1）必厚作敛于百姓，暴夺民衣食之财，以为锦绣文采靡曼之衣。（辞过）

（2）夫无兼国覆军，贼虐万民，以乱圣人之绪。（非攻下）

（3）城上以麾指之，斥步鼓整旗，以备战从麾所指。（襟守）

（4）客众而勇，轻意见威，以骇主人。（襟守）

(5)以为车以行陵陆,舟以行山谷,以通四方之利。(节用上)

(6)是以差论蚤牙之士,比列其舟车之卒,以攻伐无罪之国。(天志下)

(7)譬之若丝缕之有纪,而罔罟之有纲也,将以运役天下淫暴而一同其义也。(尚同中)

(8)四海之内,粒食之民,莫不犓牛羊,豢犬彘,洁为粢盛酒醴,以祭祀于上帝鬼神。(天志上)

(9)铸金以为钩,珠玉以为珮,女工作文采,男工作刻镂,以为身服。(辞过)

以上例(1)~(9)正句都是单句,偏句是复句。例(1)~(7)偏句包含两个并列分句,例(8)偏句包含三个并列分句,例(9)偏句包含四个并列分句。

(10)故子墨子之有天之意也,上将以度天下之王公大人为刑政也,下将以量天下之万民为文学、出言谈也。(天志中)

(11)计其土地之博,人徒之众,欲以抗诸侯,以为英名。(非攻中)

(12)是故圣王作为宫室,便于生,不以为观乐也;作为衣服带履,便于身,不以为辟怪也。(辞过)

例(10)~(12)偏句都是单句,正句是复句。例(10)偏句是一个"主语+之+谓语……(也)"结构,正句句末有语气词"也"与之呼应。正句包含两个并列分句,分句中都有表目的的连词"以"。例(11)偏句是动宾短语,正句是一个连词"以"引导的目的复句。例(12)包含两个结构相同的二重目的复句,偏句表示行动,正句表示行为的目的,由正反两个对比分句组成,分别表示要实现的目的和要避免的结果。先肯定后否定,否定词用"不"。

(13)故置此以为法,立此以为仪,将以量度天下之王公大人卿大夫之仁与不仁,譬之犹分黑白也。(天志中)

(14)以磨为日月星辰,以昭道之;制为四时春秋冬夏,以纪纲之;雷降雪霜雨露,以长遂五谷麻丝,使民得而财利之;列为山川谿谷,播赋百事,以临司民之善否;从事乎五谷麻丝,以为民衣食之财。(天志中)

(15)故古者圣王,明天鬼之所欲,而避天鬼之所憎,以求兴天下之利,除天下之害。(尚同中)

例(13)偏句、正句都是复句。偏句包含两个并列的分句,正句则是一个按断复句。例(14)包含5个并列的目的复句,第一、二、五个复句偏句正句都是单句,第三个复句偏句是单句,正句由"以"引导,正句又由一个目的复句组成,动词"使"表目的。第四个复句偏句是一个并列复句,"列为山川谿谷,播赋百事",正句为单句。例(15)前两个对比关系的分句是目的复句的偏句,后两个并列关系分句是正句,用"以"连接。

(三)多重目的复句

例如:

(1)禹之征有苗也,非以求以重富贵、乐耳目也,以求兴天下之利,除天下之害。(兼爱下)

(2)今吾为祭祀也,非直注之污壑而弃之也,上以交鬼之福,下以合驩聚众,取亲乎乡里。(明鬼下)

(3)里中父老小不举守之事及会计者,为四部,部一长,以苟往来不以时行、行而有他异者,以得其奸。(号令)

例(1)偏句是单句,偏句是一个"主语+之+谓语……(也)"结构,正句是一个正反相对的对比复句,先否定后肯定,表示不是为了什么目的,而是为了什么目的,否定词用"非"。正句包含两个层次,对比复句的后分句"以求兴天下之利,除天下之害"又是一个并列复句。

例(2)偏句是单句,正句包含三个层次,"非直注之污壑而弃之也"与"上以交鬼之福,下以合驩聚众,取亲乎乡里"是对比复句,否定性的目的与肯定性的目的对比。后三个分句中,"上以交鬼之福"与"下以合驩聚众,取亲乎乡里"之间又是并列关系,表示双重目的,而"下以合驩聚众,取亲乎乡里"之间也是并列关系。

例(3)"里中父老小不举守之事及会计者,为四部,部一长"为两个分句,之间是顺承关系,是目的复句的偏句,后两个分句是正句,用"以"连接。后两个分句之间又是目的关系,也用连词"以"连接。

二、正句用连词"为"连接

例如:

(1)圣人之法,死亡亲,为天下也。(大取)

(2)且夫仁者之为天下度也,非为其目之所美,耳之所乐,口之所甘,身体之所安。(非乐上)

(3)以此观之,其为衣服,非为身体,皆为观好。(辞过)

(4)举三者授之贤者,非为贤赐也,欲其事之成。(尚贤上)

(5)故古圣王高予之爵,重予之禄,任之以事,断予之令,夫岂为其臣赐哉,欲其事之成也。(尚贤中)

例（1）正句用连词"为"连接，句末配合有语气词"也"。例（2）偏句是"主语+之+谓语……（也）"结构，表示句意未尽，偏句正句区别鲜明，正句是个否定句，"非为"连接，表示要避免的结果。例（3）偏句是单句，表示某种行为，正句包含两个并列的分句，用"非为"和"皆为"连接，表示前面行为要避免的结果和要实现的结果，对比鲜明。例（4）分句结构与例（3）相同，偏句句末有助词"者"，表示语义未完，正句由两个并列的分句组成，前分句表示否定的目的，用"非为"连接，后分句表示肯定的目的，用能愿动词"欲"表示。例（5）是七个分句组成的二重目的复句。前四个并列的分句为偏句，表示四种行为动作，后两个并列关系的分句为正句，"夫岂为其臣赐哉"是个反问句，表示否定之意，是前面行为要避免的结果，即"不为其臣赐"，用连词"为"连接。"欲其事之成也"是偏句所描述的行为要达到的结果，用能愿动词"欲"表目的。

三、正句用表示目的的动词如"使""欲"等

例如：

（1）以其唯毋临众发政而治民，使天下之为善者劝也，为暴者可而沮也。（尚贤下）

（2）故古者建国设都，乃立后王君公，奉以卿士师长，此非欲用说也，唯辩而使助治天明也。（尚同下）

（3）是故古者天子之立三公、诸侯、卿之宰、乡长家君，非特富贵游侠而择之也，将使助治乱刑政也。（尚同下）

（4）今天下之君子之为文学、出言谈也，非将勤劳其惟舌，而利其唇呡也，中实将欲其国家邑里万民刑政者也。（非命下）

例（1）是二重目的复句，偏句是单句，正句由两个对比分句组成，正句使用动词"使"表示行为的目的。例（2）包含五个分句，前三个分句是顺承复句，是目的复句的偏句，后两个分句是否定肯定相对的对比复句，是目的复句的正句。用动词"欲"表示目的。例（3）第一个分句是偏句，表示实现某种结果的凭借、根据，后两个对比关系的分句表示前面偏句所述行为要避免的结果和要实现的结果，分句中用"非特"与"将使"对比，目的性很鲜明。例（4）与例（3）结构基本相同，第一个分句为偏句，后面"非将勤劳其惟舌，而利其唇呡也"与"中实将欲其国家邑里万民刑政者也"是对比关系，构成目的复句的正句，表示"不是"为了某种目的和为了某种目的。"非将勤劳其惟舌，而利其唇呡也"之间又是并列关系。《墨子》目的复句中"将"多次出现，或单独出现，或与其他表目的的词语搭配，如"将以""将使""将欲"等。刘永耕认为："加'将''且'，已不尽表将要的意思，许多

情况下,它们只起强调目的的语气作用。"①我们认为,"将"与表示目的的连词或动词连用,不是表强调语气,正是表"将来",因为就说话者当时的语境来说,目的往往是未实现的,偏句所述行为正是为实现某种目的之凭借,"将"表示未然。此外,"将"表示强调语气在各种古汉语语法书或虚词著作中也很少提到。

　　由于因果复句中也使用连词"以""为"作为复句的关联词语,目的复句与因果复句容易混淆。杨伯峻、何乐士认为二者的区别是:"一般来说,前后分句主语相同者,为目的复句。前后分句主语不同者,一般表因果。"②那实际的情况是否如此呢?从《墨子》目的复句来看,偏句和正句的主语大概可分为三种情况:第一,偏句和正句的主语相同。共40例,占总量的49%。如上引例。第二,偏句和正句都省略主语或无主语,共39例,占48%。第三,偏句和正句的主语不一致,共2例,占3%。可见,这个看法是非常有道理的。

第二节　递进复句

　　递进复句又叫进逼复句,后分句的意思比前分句的意思更近一层。有的学者认为递进复句是并列复句,我们同意杨伯峻、何乐士的做法,认为递进复句也是偏正复句,③一般说来,前分句的意义较轻,是偏句,后分句的意义较重,是正句。《墨子》中的递进复句可以分为一般递进和衬托递进。共22例。

一、一般递进

　　一般递进复句中两个分句都是肯定句,后分句的意思意义更进一层。《墨子》中的递进复句一般都使用连接副词等关联词语,偶尔也有不用连接词语的。根据关联词语的使用情况,可以分为以下几种类型。

(一)意合法

即偏句和正句都不使用关联词语。例如:

　　以亏人愈多,其不仁兹甚,罪益厚。(非攻上)

　　例句虽然没有使用表示递进的关联词语,但后分句有副词"兹甚""益"等表示进逼

---

①　刘永耕:《先秦目的复句初探》,《新疆大学学报(哲学社会科学版)》,1995年第3期。

②　杨伯峻、何乐士:《古汉语语法及其发展》,语文出版社,2001年,989页。

③　杨伯峻、何乐士:《古汉语语法及其发展》,语文出版社,2001年,982页。

之意。

(二) 仅偏句使用关联词语

例如：

(1) 非独子墨子以天之志为法也, 于先王之书大夏之道之然。(天志下)

(2) 非惟武王之事为然也, 故圣王其赏也必于祖, 其僇也必于社。(明鬼下)

(3) 不止此而已, 欲人之有力相营, 有道相教, 有财相分也。(天志中)

(4) 且以尚贤为政之本也, 亦岂独子墨子之言哉! 此圣王之道, 先王之书距年之言也。(尚贤中)

例(1)(2)(3)(4)中义轻的分句分别使用了"非独""非惟""不止""岂独"等关联词语。例(1)(2)(3)是单重复句, 例(2)中"故"当为"古"。例(1)偏句和正句都是单句。例(2)第一个分句是义轻的分句, 是偏句, 后面两个并列的分句形成意义较重的部分, 构成正句。例(3)第一个分句是义轻的分句, 是偏句, 后面"欲人之有力相营, 有道相教, 有财相分也"是一个分句, 是义重的分句, 是正句。例(4)"且以尚贤为政之本也, 亦岂独子墨子之言哉"是义轻的分句, 是偏句, 后面两个并列的分句是义重的分句, 是正句。

(三) 偏句、正句都使用关联词语

例如：

(1) 非独国有染也, 士亦有染。(所染)

(2) 非独处家者为然, 虽处国亦然。(天志上)

(3) 非独染丝然也, 国亦有染。(所染)

(4) 不止此而已矣, 又以先王之书驯天明不解之道也知之。(天志中)

(5) 且不唯泰誓为然, 虽禹誓即亦犹是也。(兼爱下)

(6) 且不唯禹誓为然, 虽汤说即亦犹是也。(兼爱下)

(7) 且不唯誓命与汤说为然, 周诗即亦犹是也。(兼爱下)

例(1)—(7)中, 前一个分句都是递进复句义轻的部分, 是偏句, 后一个分句是义重的部分, 是正句。例(1)(2)(3)两个分句用"非独……, 亦……"的格式连接。例(4)两个分句用"不止……, 又……"的格式连接。例(5)(6)(7)两个分句用"不唯……, 亦犹……"的格式连接。

二、衬托递进

"衬托递进复句义浅的分句是义深的分部的衬托。其作用是'用浅证深',表示甲事尚且如此,何况是乙事,意思是乙事比甲事有更大的理由。"①一般说来,这种复句的前分句是肯定句,后分句往往是反问句,句末有"矣""哉""乎"等语气词配合使用。根据关联词语的使用情况,《墨子》中的衬托递进复句可以分为以下几种类型。

(一)仅偏句使用关联词语

例如:

(1)狗豨犹有斗,恶有士而无斗矣?(耕柱)

(2)国士战且扶人,犹不可及也。今子非国士也,岂能成学又成射哉?(公孟)

(3)故衣食者,人之生利也,然且犹尚有节;葬埋者,人之死利也,夫何独无节于此乎。(节葬下)

例(1)(2)前分句是偏句,使用副词"犹",例(1)后分句是正句,是疑问副词"恶"引导的反问句;例(2)前两个分句构成递进复句义浅的部分,是偏句,中间是按断关系,后两个分句组成递进复句的正句,是义深的部分,之间也是按断关系,断语是一个反问句。例(3)义浅的分句用复音副词"犹尚",义深的部分,即正句由因果复句组成,因果复句的结果分句是反问句。

(二)仅正句使用关联词语

例如:

(1)死命为上,多杀次之,身伤者为下,又况失列北桡乎哉,罪死无赦!(非攻下)

(2)我得天下而不义,不为也,又况于楚国乎?(鲁问)

(3)曰不与其劳,获其实,已非其有所取之故。而况有踰于人之墙垣,担格人之子女者乎?与角人之府库,窃人之金玉蚤絫者乎?与踰人之栏牢,窃人之牛马者乎?而况有杀一不辜人乎?(天志下)

例(1)(2)正句使用副词"又况"连接,例(1)前三个分句为偏句,之间也是递进关系,最后两个并列的分句为正句。例(2)前两个分句构成递进复句的偏句,之间是假设关系,

---

① 张玉金:《古代汉语语法学》,广东高等教育出版社,2010年,354页。

最后一个分句是正句,是由副词"又况"引导的反问句,进逼之意更加突出。例(3)是四个并列的进逼复句,前三个分句是偏句,"曰不与其劳,获其实"与"已非其有所取之故"之间是按断关系,按断复句的按语"曰不与其劳,获其实"又是一个并列复句。后四个分句是连续使用的进逼复句,其中第四个分句和最后一个分句有副词"而况"连接,中间两个分句没有关联词语,都是反问句的形式表示进逼之意。

(三)偏句、正句都使用关联词语

例如:

此有所避逃之者也,相儆戒犹若此其厚。况无所避逃之者,相儆戒岂不愈厚然后可哉。(天志上)

例中偏句使用了副词"犹",正句用副词"况"与之配合使用。

小结:《墨子》中的目的复句和递进复句都不太多见。目的复句中,正句用连词"以"来连接并表示目的例句最多,其次是用连词"为"连接。《墨子》中的递进复句可以分为一般递进和衬托递进。

附录一:从复句看《墨子闲诂》标点勘误

《墨子》是先秦一部重要作品,集中反映了先秦墨家学派及其创始人墨子的思想学说。但由于历代统治阶级不重视,该书在钞、刻流传中产生诸多错误,脱文、衍文较多,错伪严重。孙诒让撰写的《墨子闲诂》是目前较为优秀的《墨子》训诂版本,由于作者仅从传统的小学出发来断句、释词,难免有标点错误。《墨子》中存在大量的复句,研究《墨子》句法,可以正确理解句子之间的逻辑关系,从而正确断句。

一、单句

《墨子闲诂》单句的标点失误主要包括割裂分句的主谓结构、兼语结构、动宾结构等几个方面。例如:

(一)割裂主谓结构

(1)是以其财不足以待凶饥,振孤寡,故国贫而民难治也。(辞过)

(2)民之为淫暴寇乱盗贼,以兵刃毒药水火退无罪人乎道路率径,夺人车马衣裘以自利者,并作由此始,是以天下乱。(明鬼下)

例(1)(2)都把因果复句的表因分句中主谓关系分割。例(1)连词"故"连接表因分句和表果分句。表因分句中"待凶饥"和"振孤寡"是并列结构,其主语都是"其财",共同受"不足以"修饰,"待凶饥"和"振孤寡"之间应点顿号。如果点逗号,"振孤寡"就会与主语及其修饰成分相割裂,句意也会发生改变。

例(2)"是以天下乱"前面的成分是一个长句子,也是因果复句的表因分句。"民之为淫暴寇乱盗贼"是一个"之"字结构,"之"用于主语谓语之间,"'之'的作用在于给原来的主谓结构增加一种形式上的体词化自指标记和内在的粘连性,使它总是与一个比它大的语言单位联系起来"。① 即我们通常所说的"取消句子的独立性","就是使句子在形式

---

① 中国社会科学院语言研究所古代汉语研究室编:《古代汉语虚词词典》,商务印书馆,1999 年,838 页。

上词组化,意思上不完整,如果不依赖一定的上下文,就不能独立存在"。① 后面"以兵刃毒药水火退无罪人乎道路率径""夺人车马衣裘以自利者"前面都省略了"民之",因此前三个小分句实际上是三个并列的主谓结构或"之"字结构,共同作"并作"的主语,"并"这个副词指向前面三个主谓结构,"并作"是谓语,因此"并作"前面的逗号应该去掉,并列主语之间的逗号应改为顿号。全句的标点应该为:"民之为淫暴寇乱盗贼、以兵刃毒药水火退无罪人乎道路率径、夺人车马衣裘以自利者并作,由此始,是以天下乱。"

(二)割裂兼语结构

然而使天下之为寇乱盗贼者,周流天下无所重足者,何也?(尚同下)

例中"何也"前面是一个句子,"何也"与前面的句子构成连贯关系。"然而使天下之为寇乱盗贼者"与"周流天下无所重足者"之间的逗号应该去掉,因为整个句子是一个兼语结构,"天下之为寇乱盗贼者"既是"使"的宾语,又是"周流天下无所重足者"的主语,因此不宜分开。前一个"者"是助词,用于"动词性成分之后,组成名词性结构,提示具有该行为、性质的实体,多指人"。② 后一个"者"是语气词,与句末的"也"呼应,表示对原因的提示。如果按照原来的标点,会使人误以为"天下之为寇乱盗贼者"与"周流天下无所重足者"是并列结构,而这样"使"就没有相应的动词与之呼应,从而文义不通了。

(三)割裂动宾结构

(1)今逮至昔者三代圣王既没,天下失义,后世之君子,或以厚葬久丧以为仁也,义也,孝子之事也;或以厚葬久丧以为非仁义,非孝子之事也。(节葬下)

(2)昔上世暴王,不忍其耳目之淫,心涂之辟,不顺其亲戚,遂以亡失国家,倾覆社稷。(非命中)

例(1)"后世之君子"与"或以厚葬久丧以为仁也"是主谓结构,中间的逗号应该去掉。"仁也""义也""孝子之事也"都是"以为"的宾语,因此"仁也""义也"后面的逗号均应改为顿号。同理,最后两个小分句中"非仁义""非孝子之事也"也是并列宾语,中间也应把逗号改为顿号。例(2)"不忍其耳目之淫"与"心涂之辟"之间的逗号应该改为顿号,因为"心涂之辟"与"耳目之淫"一样是"不忍"的宾语。

① 王力主编:《古代汉语(第二册)》中华书局,1999 年,461 页。
② 中国社会科学院语言研究所古代汉语研究室编:《古代汉语虚词词典》,商务印书馆,1999 年,822 页。

二、复句

（一）因果复句

《墨子闲诂》因果复句的标点失误主要表现在割裂因果关系，因而把因果复句与单句或其他复句混淆在一起。例如：

(1) 此六君者所染不当，故国家残亡，身为刑戮，宗庙破灭，绝无后类，君臣离散，民人流亡，举天下之贪暴苛扰者，必称此六君也。（所染）

(2) 其为政若此，是以谋事得，举事成，入守固，出诛胜者，何故之以也？曰：唯以尚同为政者也。（尚同中）

(3) 其为甲盾五兵何？以为以圉寇乱盗贼，若有寇乱盗贼，有甲盾五兵者胜，无者不胜，是故圣人作为甲盾五兵。（节用上）

例(1)包含九个小分句，中间一路逗号，第二个分句前有表示结果的连词"故"，因此很容易认为是一个因果复句，"故"一贯到底。实际上细细品味其逻辑关系，就会发现连词"故"只管到"民人流亡"这个分句。因为"所染不当"只能产生"国家残亡……"的后果，后面的"举天下之贪暴苛扰者，必称此六君也"是一个进一步的论述，是一个假设复句。因此该大句包含两个复句，这两个复句之间也是因果关系，是属于语段之间的联系。"民人流亡"后的逗号应改为句号。

全句的标点应该是："此六君子所染不当，故国家残亡，身为刑戮，宗庙破灭，绝无后类，君臣离散，民人流亡。举天下之贪暴苛扰者，必称此六君也。"

例(2)"何故之以也"前面是一个因果复句，"其为政若此"是原因偏句，从"是以谋事得"到"出诛胜者"是表果正句，用复合连词"是以"连接。因此"出诛胜者"后面应点句号。"何故之以也"是一个设问句，语义既上承前面的因果复句，对因果复句描述的现象原因进行阐释，又是为了引出下文，提出"尚同"的重要论点，以便展开进一步的论述。如果按照原来的标点，会使人把"何故之以也"当成前面因果复句的结果分句，就会混淆复句和单句，不仅弄不清楚复句语义之间的联系，同时也看不清楚语段之间的逻辑关系。

例(3)"其为甲盾五兵何"是一个设问句，第二个分句"以为以圉寇乱盗贼"是对前面问句的回答，因此"以为以圉寇乱盗贼"后的逗号应改句号。后面"若有……"至句末是一个因果复句，表因偏句是两个对立的假设复句，末句是表果正句，用连词"是故"连接。《墨子》中设问句十分丰富，常常起到引起话题的作用。作者先用设问的修辞方法展开话题，然后再用一个因果复句进一步展开论述，因果复句中的偏句又是假设复句。这样层层深入地论述，是《墨子》很常见的论辩方法。原来的标点把单句、复句混为一谈，既看不清楚句子之间的逻辑关系，也无法显示作者的论述技巧。

(4)故曰以其极赏以赐无功,虚其府库以备车马衣裘奇怪,苦其役徒以治宫室观乐,死又厚为棺椁,多为衣裘,生时治台榭,死又修坟墓,故民苦于外,府库单于内,上不厌其乐,下不堪其苦。故国离寇敌则伤,民见凶饥则亡。(七患)

(5)昔上世暴王,不忍其耳目之淫,心涂之辟,不顺其亲戚,遂以亡失国家,倾覆社稷,不知曰"我罢不肖,为政不善",必曰"吾命固失之。"(非命中)

例(4)都把两个复句当成一个复句。例(4)包含两个因果复句,从第一个分句至"死又修坟墓"这七个小分句是第一个因果复句的原因分句,"故民苦于外,府库单于内"是结果分句。第一个"故"只贯至"府库单于内",因此"府库单于内"后应点句号。后面"上不厌其乐,下不堪其苦"是第二个因果复句的表因分句,"故国离寇敌则伤,民见凶饥则亡"这两个并列的紧缩假设复句是表果正句。所以"下不堪其苦"后面的句号应改为逗号。原来的标点把"上不厌其乐,下不堪其苦"这两个分句当成第一个因果复句的结果分句,割裂了与后面的"故国离寇敌则伤,民见凶饥则亡"的联系。从语义上看,"上不厌其乐,下不堪其苦"也不应是前面"以其极赏以赐无功"等分句导致的结果,而是后面"国离寇敌则伤……"的原因。从结构上看,"上不厌其乐"对应"国离寇敌则伤","下不堪其苦"对应"民见凶饥则亡"。原来的标点把两个因果复句混在一起,以致因果关系错乱。

例(5)从"昔上世暴王"到"倾覆社稷"是一个因果复句。末两个分句"不知曰……""必曰……"是一个对比复句。原来的标点一路逗号,使人把两个复句误认为是一个复句,句子间的逻辑关系就不清楚了。从"昔上世暴王"至"不顺其亲戚"是因果复句的表因分句,"遂以亡失国家,倾覆社稷"是表果分句,副词"遂"是连接原因和结果的关联词,可译为"于是","遂"贯至"倾覆社稷"。因此"遂以亡失国家,倾覆社稷"后的逗号应改为句号。后面"不知曰"等是作者以一个对比复句对"暴王""亡失国家""倾覆社稷"的原因认定,应是另外一层意思。如果点逗号会误把后面"不知曰……"等也归入到结果分句中,而"不知曰……"显然是对"亡失国家,倾覆社稷"的原因总结,而不是因果复句的结果分句。此外,"不忍其耳目之淫"与"心涂之辟"之间的逗号应该改为顿号,因为"心涂之辟"与"耳目之淫"一样是"不忍"的宾语。

(二)按断复句

《墨子闲诂》按断复句的标点失误主要表现在割裂按语与断语、把按断复句与单句或其他复句混淆等几个方面。例如:

(1)夫杀之人,为利人也博矣。(非攻下)

(2)为宫室之法,曰:"室高足以辟润湿,边足以圉风寒,上足以待雪霜雨露,宫墙之高足以别男女之礼。"谨此则止,凡费财劳力,不加利者,不为也。(辞过)

(3)今之为仁义者,将不可不察而强非者此也。(非命下)

例（1）～（3）都把按断复句的按语与断语割裂，致使要么语义不通要么句子松散。例（1）"俞云：'博'疑当作'薄'。言杀人以利人，其利亦薄矣。"孙诒让也说："此疑当作'夫杀人之为利人也，薄矣。'"①孙诒让的意见是正确的，但孙仅从句意去判断。从句法上看，这是一个按断复句，《墨子》中的按断复句数量很大。"夫杀人之为利人也"是按语，"博矣"是断语，是作者的判断和意见。原文的标点把按语的主谓结构分割，又与断语混淆，自然就不好理解了。

　　例（2）"室高足以辟润湿"至"宫墙之高足以别男女之礼"是按语，"谨此则止"是断语，"此"指代前面的按语所述内容。因此"谨此则止"后面的逗号应改为句号。后面"凡……"是一个假设复句。原来的标点把按断复句的按语与断语割裂，又把按断复句的断语下属另外一个复句，逻辑关系就不严密了。

　　例（3）不当断而断，当断而不断。"今之为仁义者"与"将不可不察而强非者"是主谓关系，中间的逗号应去掉，"将不可不察而强非者"与"此也"中间应该断开，"此也"前面点逗号，"今之为仁义者将不可不察而强非者"是按语，是对情况的描述，"此也"是断语，是对前所述事实原因的推断。正确的标点是："今之为仁义者将不可不察而强非者，此也。"

　　（4）然而不得富而得贫，不得众而得寡，不得治而得乱，则是本失其所欲，得其所恶，是其故何也？（尚贤上）

　　（5）至乎舍余力不以相劳，隐匿良道不以相教，腐朽余财不以相分，天下之乱也，至如禽兽然，无君臣上下长幼之节，父子兄弟之礼，是以天下乱焉。（尚同中）

　　（6）昔者暴王作之，穷人术之，此皆疑众迟朴，先圣王之患之也，固在前矣。是以书之竹帛，镂之金石，琢之盘盂，传遗后世子孙。（非命下）

　　例（4）由一个按断复句和一个单句组成。"是其故何也"前面是按断复句，从"然而……"至"不得治而得乱"是按语，"则是本失其所欲，得其所恶"是断语，按语与断语用连词"则"连接，代词"是"指代前面按语所述情况。最后一句应单独成句，承接上下文。因此"是其故何也"前面应点句号。如果点逗号就会使人误以为末句也是按断复句的断语，而实际上断语往往用较为肯定的语气进行判断，末句这一个问句显然是一个过渡句子，起引起下文的作用。

　　例（5）八个分句之间逗号一贯到底，根本看不清楚分句之间的逻辑关系，会使人错以为是一个因果分句。从分句间的关系来看，这个例子包括两个复句。从"至乎舍余力不以相劳"至"至如禽兽然"是一个按断复句，前三个分句"至乎舍余力不以相劳，隐匿良道

_____

　　①　［清］孙诒让撰，孙启治点校：《墨子闲诂》，中华书局，2001年，143页。

不以相教,腐朽余财不以相分"是按语,是对天下乱的情况的具体描述,"天下之乱也,至如禽兽然"是断语,是作者的主观判断,因此"天下之乱也,至如禽兽然"后的逗号应改为句号。后面三个分句是一个因果复句,"无君臣上下长幼之节,父子兄弟之礼"是表因分句,末一分句用"是以"连接,是表果分句。

例(6)前三个分句组成一个按断复句,"昔者暴王作之,穷人术之"是客观描述,是按语,"此皆疑众迟朴"是主观论断,是断语,"此"指代按语所述内容。因此"此皆疑众迟朴"后的逗号应改为句号。后面"先圣王之患之也"至句末是一个因果复句,表因偏句为"先圣王之患之也,固在前矣","是以书之竹帛"及其后面分句是表果正句。复句用表果连词"是以"连接,逻辑关系十分清晰,因此"固在前矣"后面的句号应改为逗号。正确的标点是:"昔者暴王作之,穷人术之,此皆疑众迟朴。先圣王之患之也,固在前矣,是以书之竹帛,镂之金石,琢之盘盂,传遗后世子孙。"

(三)顺承复句

顺承复句的标点失误主要包括割裂分句的兼语结构、动宾结构;割裂分句之间的连贯关系;把顺承复句与单句或其他复句混合等。例如:

(1)乡长治其乡,而乡既已治矣。有率其乡万民,以尚同乎国君。(尚同中)

(2)昔越王句践好士之勇,教驯其臣,和合之焚舟失火,试其士曰:"越国之宝尽在此!"越王亲自鼓其士而进之。士闻鼓音,破碎乱行,蹈火而死者左右百人有余。越王击金而退之。(兼爱中)

例(1)(2)都把一个联系紧密的顺承复句分裂为几个孤立的句子。例(1)是一个二重顺承复句,前面分句使用表示时间先后关系的关联词语"既已",后面用关联副词"有"与之相呼应,"有"通"又",因此"而乡既已治矣"后面应点逗号。顺承复句内部又包含连词"以"连接的目的复句。例(2)"越王亲自鼓其士而进之"至句末是一个顺承复句,从"鼓其士而进之"到"士闻鼓音……"再至"击金而退之",动作的时间先后十分明显,分句间具有紧密的连贯关系。因此"越王亲自鼓其士而进之"及"蹈火而死者左右百人有余"后面的句号都应改为逗号。如果按照原来标点,就把一个联系紧密的顺承复句分割开来,句子就显得松散无力。

(3)古者尧治天下,南抚交趾,北降幽都,东西至日所出入,莫不宾服,逮至其厚爱。黍稷不二,羹胾不重,饭于土塯,啜于土形,斗以酌。(节用中)

(4)其为宫室则与此异矣。必厚作敛于百姓,暴夺民衣食之财,以为宫室台榭曲直之望、青黄刻镂之饰。(辞过)

(5)禹既已克有三苗,焉磨为山川,别物上下,卿制大极,而神民不违,天下乃静,则此禹之所以征有苗也。(非攻下)

（6）是故上者天鬼附之，外者诸侯与之，内者万民亲之，贤人归之，以此谋事则得，举事则成，入守则固，出诛则强。（尚贤中）

例（3）《〈墨子〉今注今译》中"莫不宾服"后面是句号，"逮至其厚爱"之后是逗号，[1]这样处理是非常正确的。因为从开头至"莫不宾服"是一个顺承复句，"南抚交趾"等句子描写了"尧治天下"的盛况。"逮至其厚爱"至句末是由五个分句组成的并列复句，因此"莫不宾服"后的逗号应改为句号，而"逮至其厚爱"后的句号应该为逗号。

例（4）第二个分句及其后面分句对第一个分句的内容加以补充说明，具体说明"与此异"。因此第一个分句后应是逗号或冒号，如果点句号会让人误以为第一个分句是单句，从而割裂了分句之间的联系。

例（5）前六个分句组成一个顺承复句，分句之间按照时间先后顺序安排，使用了表示时间关系的关联词语"既已""而""乃"等。最后一个句子应单独列出。因此"天下乃静"后面的逗号应改为句号。因为末一分句中有"则……之所以"，如果按照原文标点会使人误以为这是一个因果复句。从文意看，前六个分句与末一句子之间并不存在因果联系。末一句子是一个过渡性质的单句，承上启下。"之所以"不表原因，相当于"之"，《墨子今注今译》把这句话翻译为"这就是大禹征讨有苗的情形。"[2]这是非常正确的。

例（6）前四个分句组成一个顺承复句，依照等级大小安排分句顺序。"以此谋事则得"至句末是四个并列的紧缩假设复句。因此"贤人归之"后面应点句号。原来的标点既看不出顺承复句，又显示不出并列复句，句子显得支离破碎。

（四）转折复句

转折复句的情况主要是把转折复句与单句或与其他复句混淆。例如：

（1）虽身知其安也，口知其甘也，目知其美也，耳知其乐也，然上考之不中圣王之事，下度之不中万民之利，是故子墨子曰：为乐非也。（非乐上）

（2）夫执后不言之朝物，见利使己，虽恐后言，君若言而未有利焉，则高拱下视，会嗟为深，曰："唯其未之学也。"（非儒下）

例（1）把转折复句与段落中总结性的单句混在一起，例（2）把转折复句与假设复句混淆。例（1）七个分句中间都是逗号，但实际上包含一个复句和一个单句。前六个分句是一个让步性转折复句，偏句有让步连词"虽"引导，偏句由四个并列分句组成，正句有转折连词"然"与"虽"呼应，正句也包含两个对比关系的分句。因此"下度之不中万民之利"后的逗号应改为句号。按照原文标点，很容易把例（1）当成一个因果复句，把前六个分句

①　谭家健、孙中原译注：《〈墨子〉今注今译》，2012 年，127 页。
②　谭家健、孙中原译注：《〈墨子〉今注今译》，2012 年，121 页。

当作是表因分句,把末句"是故子墨子曰:为乐非也"看成是表果分句。根据文意,前四个分句中的"其"不指代"乐",而是分别指代上文提到的"大钟鸣鼓之声""刻镂华文章之色""犓豢煎炙之味""高台厚榭邃野之居",因此"为乐非也"与前六个分句没有直接的联系,也不是前面分句的表果正句,而是对整个段落的总结。此外,《墨子》行文结构具有整齐、对称的特点,后面四个段落的论述末尾,都有一个总结性的"是故子墨子曰:为乐非也。"即作者通过反复论证,反复强调中心论点。

例(2)是两个复句,前三个分句组成一个意合式转折复句,"虽"通"唯"。"君若言而未有利焉"至句末是一个假设复句,偏句中有假设连词"若",正句中连词"则"与之呼应。因此"虽恐后言"后面的逗号应改为句号,这样两个复句的界限就很清晰了。

(五)假设复句

假设复句以及以下目的复句、并列复句的标点失误主要是几个不同层次关系的分句用一个逗号贯穿,把几个复句当成一个复句处理,致使句子内部层次不清晰,关系不明了。例如:

故得士则谋不困,体不劳,名立而功成,美章而恶不生,则由得士也。(尚贤上)

例中包括五个分句,实际上组成两个复句,"故得士则谋不困,体不劳"是一个连词"则"连接的假设复句,后面三个分句组成一个先果后因的因果复句,连词"则"表示因果复句的原因。因此"体不劳"后的逗号应改为句号。

(六)目的复句

(1)今则不然,厚作敛于百姓,以为美食刍豢,蒸炙鱼鳖,大国累百器,小国累十器,前方丈,目不能偏视,手不能偏操,口不能偏味,冬则冻冰,夏则饰暍。(辞过)

(2)是以差论蚤牙之士,比列其舟车之卒,以攻伐无罪之国,入其沟境,刈其禾稼,斩其树木,残其城郭,以御其沟池,焚烧其祖庙,攘杀其牺牲。(天志下)

例(1)(2)把目的复句与并列复句混淆,例(1)从第一个分句至"蒸炙鱼鳖"是一个目的复句,"厚作敛于百姓"表示某种行为,正句用连词"以"连接,表示行为要实现的结果。"大国累百器"至句末是由八个分句组成的并列复句,因此"大国累百器"前面的逗号应改为句号。例(2)前三个分句也是用"以"连接的目的复句,"入其沟境"至句末七个分句是并列复句。因此"入其沟境"前的逗号应点句号。

（七）并列复句

（1）孔某盛容修饰以蛊世，弦歌鼓舞以聚徒，繁登降之礼以示仪，务趋翔之节以观众，博学不可使议世，劳思不可以补民，累寿不能尽其学，当年不能行其礼，积财不能赡其乐，繁饰邪术以营世君，盛为声乐以淫遇民，其道不可以期世，其学不可以导众。（非儒下）

（2）逃人而后谋，避人而后言，行义不可明于民，谋虑不可通于君臣，婴不知孔某之有异于白公也，是以不对。（非儒下）

例（1）把几个并列复句混在一起，例（2）把并列复句与其他复句混淆。

例（1）包含十三个分句，却用逗号一贯到底，根本看不清楚句子之间的联系。仔细分析，会发现实际上包含四个并列复句。前四个分句是四个并列的紧缩目的复句，紧缩成分之间用连词"以"连接，因此"务趋翔之节以观众"后的逗号应改为句号。"博学不可使议世"至"积财不能赡其乐"这五个分句是五个并列的紧缩转折复句，转折关系依靠句意体现，因此"积财不能赡其乐"后的逗号应该改为句号。接下来两个分句"繁饰邪术以营世君，盛为声乐以淫遇民"组成一个并列的紧缩目的复句，"盛为声乐以淫遇民"后应点句号。最后两个分句形成一个并列复句。

所以正确的标点是："孔某盛容修饰以蛊世，弦歌鼓舞以聚众，繁登降之礼以示仪，务趋翔之节以观众。博学不可使议世，劳思不可以补民，累寿不能尽其学，当年不能行其礼，积财不能赡其乐。繁饰邪术以营世君，盛为声乐以淫遇民。其道不可以期世，其学不可以导众。"

例（2）前四个分句是一个并列复句，后两个分句是一个因果复句，"谋虑不可通于君臣"后应点句号。如果按照原文标点，就会误以为是一个因果复句，前五个分句都是表因分句，末句"是以不对"是表果复句。而实际上"是以不对"只是针对"婴不知孔某之有异于白公也"而言，与前面四个分句无关。

附录二：“择务从事”与“言有三表”
——论《墨子》中的言语交际原则

墨子是春秋战国之际著名的思想家、教育家,墨家学派的创始人。韩非子说:"世之显学,儒墨也。儒之所至,孔丘也;墨之所至,墨翟也。"(《韩非子·显学》)①连反对墨子的孟子都说:"杨朱墨翟之言盈天下","天下之言,不归杨则归墨"(《孟子·滕文公下》)②。墨家学说在当时社会影响力之大可见一斑。墨子出身于布衣平民,其弟子也大都来自于中下层百姓,而他们所倡导的思想学说却在当时的社会中引起巨大影响,这除了与墨家学说本身有关外,恐怕还与墨家高明的言语宣传能力、出色的言语交际技巧有很大关系。在那个"诸侯放恣、处士横议、百家争鸣"的时代,各家都想凭借语言来推行自家的思想学说,实现自身的政治理想,因此都十分注重言语交际能力与技巧,而墨家尤甚。墨子在其"遍从人而说之"和"利天下而为之"的社会实践活动中,形成了墨家富有特色的言语交际思想与原则。这些思想与原则不仅仅服务于墨家对自身思想与政治主张的宣传和推广,同时也在当时的社会言语交际活动中具有普遍意义,有些方面甚至和现代言语交际学的观点十分接近。

墨子高度重视言语交际活动的社会功能。

首先,"善于谈辩"可以"长生保国"。墨子认为,在君臣之间、各级政府部门之间乃至于父母子女之间,能否有效地进行信息的交流与沟通直接影响着国家、家庭的长治久安。"上之为政,得下之情则治,不得下之情则乱。"(《尚同下》)如何才能"得下之情"呢?这就需要广开言路,积极地向"上"汇报情况。家人"若见爱利家者必以告,若见恶贼家者必以告","善言之,不善言之",那么家君在全面准确地了解了各方面的信息后,就能有效地赏善罚恶,因此"家必治矣"。而天下之众如果同样地能够"见爱利天下者必以告,见恶贼天下者亦以告",那么"天下必治矣"(《尚同下》)③。

其次,"善于谈辩"是"为义"的重要条件之一。当治徒娱、县子硕问墨子"为义孰为大务"时,墨子回答:"譬若筑墙然,能筑者筑,能实坏者实坏,能欣者欣,然后墙成也。为义犹是也。能谈辩者谈辩,能说书者说书,能从事者从事,然后义事成也。"(《耕柱》)④

---

① 韩非.韩非子新校注[M].陈奇猷,校注.上海:上海古籍出版社,2000.(P1124)
② 金良年.孟子译注[M].上海:上海古籍出版社,2004.(P139)
③ 孙诒让.墨子闲诂[M].孙启治,点校.北京:中华书局,2001.(P93-95)
④ 孙诒让.墨子闲诂[M].孙启治,点校.北京:中华书局,2001.(P426)

"义"是墨家重要的核心思想之一。在墨子看来，"义"是一种最高的道德理念，"义，天下之良宝也"，因此，"万事莫贵于义"。而"义"即为天下百姓谋利益。"实可以富贫众寡、定危治乱乎？此仁也，义也。"（《节葬下》）①这里"善于谈辩"与"从事利人之事"同样重要，都是实现其"仁义"理想的必要途径。

最后，"善于谈辩"的功劳要"贤于耕织"。墨子在反驳吴虑时说一人耕田、织布"不若诵先王之道，而求其说，通圣人之言，而察其辞，上说王公大人，次匹夫徒步之士。王公大人用吾言，国必治；匹夫徒步之士用吾言，行必修。故翟以为虽不耕而食饥，不织而衣寒，功贤于耕而食之、织而衣之者也。故翟以为虽不耕织乎，而功贤于耕织也"（《鲁问》）②。这里墨子从社会分工的角度肯定了言语交际活动的重要社会功能。在《墨子》一书中，农业具有十分重要的地位。墨子说："农事缓则贫，贫且乱政之本。"（《非儒下》）③同时他又认为言语交际活动与农业同样重要，而拥有高超谈辩能力的人对社会进步的促进作用甚至高于农耕。

最后，"善于谈辩"关系着国家的命运与个人的前途，凡注重言语交际技巧，就能成就事业。他在解释《尚书·说命》中的"惟口出好兴戎"时说："则此言善用口者出好，不善用口者以为谗贼寇戎。则此岂口不善哉？用口则不善也，故遂以为谗贼寇戎。"（《尚同中》）④他对自己的口才、言语交际能力十分自信："吾言足用矣！舍吾言革思者，是犹舍获而摸粟也，以其言非吾者，是犹以卵投石也。尽天下之卵，其石犹是也，不可毁也。"（《贵义》）⑤墨子以自己的社会实践活动证明了自己非凡的言语交际能力。如在著名的"止楚攻宋"的故事中，墨子凭借自己的"巧言利舌"折服了公输盘和楚王，从而免去了一场残酷的战争。由此可见"善于用口"在社会政治方面的重要作用。

由于对语言交际功能的高度重视和科学认识，墨家非常注重言谈辩说，甚至把是否善于言谈当作选择人才的重要条件之一："贤良之士厚乎德行，辩乎言谈，博乎道术者乎，此固国家之珍，而社稷之佐也。"（《尚贤上》）⑥所谓"厚乎德行"是指具有"义"的高尚品德；所谓"博乎道术"是说通晓"兼爱"之道理。这里墨子把"辩乎言谈"提到了与"兼爱""贵义"同等的地位，都是"贤良之士"的标准，可见"谈辩"地位之重要、作用之巨大。在墨家宣传、推行其"兼爱""尚贤""贵义"等思想主张的社会实践活动中，形成了独具特色的"墨辩"。即把谈辩当成一门学科来研究，具备系统的谈辩理论和方法、技巧，在先秦辩学中达到了一个相当高的发展程度。就其实质来说，辩论是一种更高层次、更复杂的言语交际活动。实践证明，墨家孜孜以求的谈辩方法、技巧是成功的，其言语交际活动的效

① 孙诒让.墨子闲诂[M].孙启治,点校.北京:中华书局,2001.(P170)
② 孙诒让.墨子闲诂[M].孙启治,点校.北京:中华书局,2001.(P474)
③ 孙诒让.墨子闲诂[M].孙启治,点校.北京:中华书局,2001.(P180)
④ 孙诒让.墨子闲诂[M].孙启治,点校.北京:中华书局,2001.(P85)
⑤ 孙诒让.墨子闲诂[M].孙启治,点校.北京:中华书局,2001.(P448-449)
⑥ 孙诒让.墨子闲诂[M].孙启治,点校.北京:中华书局,2001.(P44)

果十分显著,墨家思想在当时社会的影响是巨大的。

　　《墨子》中关于言语交际方面的论述很丰富,但从墨家总体思想、主张上看,基本上可以归纳为两大言语交际原则:"择务从事"与"言有三表"。

一、"择务从事"原则

　　墨子在回答魏越的提问时曾说:"凡入国,必择务而从事焉。国家昏乱,则语之尚贤、尚同;国家贫,则语之节用、节葬;国家憙音湛湎,则语之非乐、非命;国家淫僻无礼,则语之尊天事鬼;国家务夺侵凌,即语之兼爱、非攻。故曰:择务而从事焉。"(《墨子·鲁问》)① 墨子认为,到一个国家,应根据该国具体的社会政治状况来发言讲话,才能取得良好的讲话效果。这是墨子对言语应该适应环境场合的精辟论述。有学者评价说:"墨子所提出的言谈治国要有针对性的观点可以说是修辞学'题旨情境'说或'语境'说的肇始之论。"②(P77)语境,是现代言语交际学和现代修辞学的重要课题,而且越来越受到学者们的重视。

　　墨子认为,不仅大的社会政治环境制约着言语交际的内容,而且小的交际场合、时机也同样影响言语交际的效果。如墨子在回答子禽的提问"多言有益乎"时说:"虾蟆蛙蝇,日夜而鸣,舌干擗,然而不听。今鹤鸡时夜而鸣,天下振动。多言无益,唯其言之时也。"(《墨子佚文》)③可见交际语言不在于多少,而在于时机的恰当与否。时机恰当,即使言语少也有好的效果;时机不恰当,言语再多也无益。

　　言语交际不仅要注意时机与场合,也要注意分寸,说话不能随心所欲,不能妄下断语,也不能说不负责任的话。墨子说:"谨其言,慎其行,精其思虑,索天下之隐事遗利。……"(《尚贤中》)④他明确表示反对那些空话、大话、套话:"言足以复行者,常之;不足以举行者,勿常。不足以举行而常之,是荡口也。"(《耕柱》)⑤"荡口"意为"夸夸其谈",没有事实根据的话。

　　在言语交际环境中,墨子特别重视"交际对象"。他认为说话的内容和形式应该根据对象灵活地确定。如有儒者认为"君子若钟,击之则鸣,弗击不鸣",墨子反驳说:"……今击之则鸣,弗击不鸣,隐知豫力,恬漠待问而后对,虽有君亲之大利,弗问不言,若将有大寇乱,盗贼将作,若机辟将发也。他人不知,己独知之,虽其君亲皆在,不问不言,是夫大乱之贼也!"(《非儒下》)⑥这是说,对待"君""亲"是不能像"钟"那样"击之则鸣,弗击不

　　① 孙诒让.墨子闲诂[M].孙启治,点校.北京:中华书局,2001.(P475-476)
　　② 陈光磊、王俊衡.中国修辞学通史(先秦两汉魏晋南北朝卷)[M].长春:吉林教育出版社,2001.
　　③ 孙诒让.墨子闲诂[M].孙启治,点校.北京:中华书局,2001.(P658)
　　④ 孙诒让.墨子闲诂[M].孙启治,点校.北京:中华书局,2001.(P64)
　　⑤ 孙诒让.墨子闲诂[M].孙启治,点校.北京:中华书局,2001.(P432)
　　⑥ 孙诒让.墨子闲诂[M].孙启治,点校.北京:中华书局,2001.(P296)

鸣",面对"君""亲"说话应当毫无保留,并积极主动地直言进谏。如果臣下都只看重他们的官位而不敢说话、不愿意说话,不仅会"怨结于民心",国家也会危险了。而对于天下不了解义的"匹夫徒步之士",更要不厌其烦地对他们解说,必要时甚至采取"强说"的态度。

墨子强调不仅要根据对象确定谈话的态度,而且也要根据对方说话的方式来选择合适的用语。如墨子在与程子交谈时说:"夫应孰辞,称议而为之,敏也。厚攻则厚吾,薄攻则薄吾。应孰辞而称议,是犹荷辕而击蛾也。"(《公孟》)①(谈话时如果)能用平常习用的言词作回答,又切合事理,这就是敏达。对方严词相辩,我也一定严词应敌;对方缓言相让,我也一定缓言以对。这是说在交际活动中要保持不卑不亢、从容不迫的态度。

后期墨学继承了墨子重视交际对象的思想,并进一步指出在交谈中应注重交际对象的接受情况。《墨子·经下》中说:"通意后对,说在不知其谁谓也。"②《经说下》解释说:"问者曰:'子知羁乎?'应之曰:'羁,何谓也?'彼曰:'羁施。'则智之。若不问羁何谓,径应以弗智,则过。且应必应,问之时若应,长应有深浅。'"③"通意后对"就是弄清对方的意思再作应对,否则就可能会误解对方的意思而影响交流。针对对方的提问,应该及时、准确地予以回答,回答内容的深浅要根据对方具体的知识水平、理解能力而定。

二、"言有三表"原则

墨家著名的"三表法"是其言语交际活动的又一重要原则。"故言必有三表。何谓三表?子墨子言曰:有本之者,有原之者,有用之者。于何本之?上本之于古者圣王之事;于何原之?下原察百姓耳目之实;于何用之?废以为刑政,观其中国家百姓人民之利。此所谓言有三表也。"(《非命上》)④这一原则规定了言语交际的内容及目的,反映了墨家对言语交际活动的社会功效的强调。

其一,对言语交际内容的规定。

首先,言语要有根据,即"上本之于古者圣王之事"。墨子提出说话要根据历史经验:"凡言凡动,合于三代圣王尧舜禹汤文武者为之;凡言凡动,合于三代暴王桀纣幽厉者舍之。"(《贵义》)⑤但墨子并不是盲目"崇古""泥古",他"并不严格引用《诗》、《书》,而是根据需要加以选择、简约、改造和创作,以服从于他说理的目的"。⑥换言之,他是要"圣人之言"为他的"兼爱"思想服务。他认为,学习历史经验的目的是通晓与考察圣人的言辞,

①　孙诒让.墨子闲诂[M].孙启治,点校.北京:中华书局,2001.(P460)

②　孙诒让.墨子闲诂[M].孙启治,点校.北京:中华书局,2001.(P332)

③　孙诒让.墨子闲诂[M].孙启治,点校.北京:中华书局,2001.(P377)

④　孙诒让.墨子闲诂[M].孙启治,点校.北京:中华书局,2001.(P266)

⑤　孙诒让.墨子闲诂[M].孙启治,点校.北京:中华书局,2001.(P442)

⑥　王齐洲.论墨子的文学观念——兼论孔墨文学观念之异同[J].陕西师范大学学报(哲学社会科学版),2008(2).

在上劝说王公大人,在下劝说平民百姓,使王公大人更好地治理国家,使"匹夫徒步之士"端正自己的品行。

其次,言语要符合事实,即"下原察百姓耳目之实"。言语真实可信是成功的人际交流的基础。墨家明确指出:"以名举实",概念是反映客观事物的,并进一步认为"有文实也,而后谓之;无文实也,则无谓也"(《经说下》)①。"客观事物(实)"是第一性的,"概念(名)"是第二性的,先有"实"后有"谓"②,这是对"名""实"关系的正确认识。尤其难能可贵的是,墨家还认识到了"正确的认识来自群众的实践",看言语的是非真假、正确与否,要到实践中去检验,特别是群众的生产、生活实践,即"下原察百姓耳目之实"。出于对"事实"的高度重视,墨家特别强调"名、实一致",《墨子·经上》中说:"名实耦,合也。"即言语一定要与事实相符,与实际情况一致,要"名符其实"。

墨子对于"名不符实"的情况十分痛恨。据《墨子·非攻下》记载,喜欢攻伐的人为粉饰侵略战争而诘难墨子说:"以攻伐之为不义,非利物与? 昔者禹征有苗,汤伐桀,武王伐纣,此皆立为圣王,是何故也?"③墨子一针见血地指出"禹征有苗,汤伐桀,武王伐纣"是"诛",不义战争为"攻",他严斥对方混同了两种不同性质的战争。

再次,言语要规范。成功的人际交流要求交际双方准确贴切地使用语言,言语不规范不仅会妨碍交际的正常进行,而且不利于整个社会语言健康地发展。《经说下》说:"正名者,彼此。彼此可,彼彼止于彼,此此止于此。彼此不可,彼且此也。"④这是说用于彼的名只能用于彼,用于此的名只能用于此。交际言语不仅要规范,而且要明确。"言明而易知也,行明而易从也。"(《非儒下》)⑤

其二,对言语交际目的的规定。

墨子曾说:"合其志功而观焉。"(《鲁问》)⑥就是要将动机和社会效果统一起来考虑,尤其要重视言行的动机。在墨子看来,交际的目的不单单是完成信息的传递和接受,实现意义的表达和理解,更重要的是通过言语交际活动来实现"兼相爱""利天下"的崇高理想,因此富有成效的言语交际首先应该符合"国家百姓人民之利"。

墨子明确指出,凡"出言谈""为文学","非将勤劳其惟(喉)舌而利其唇吻也,中实将欲其国家邑里万民刑政者也"(《非命下》)⑦。"观其言谈,顺天之意,谓之善言谈;反天之意,谓之不善言谈。"(《天志中》)⑧那么,什么是"天意"呢?"天之意不欲大国之攻小国也,大家之乱小家也,强之暴寡,诈之谋愚,贵之傲贱,此天之所不欲也。欲人之有力相

———————————

① 孙诒让.墨子闲诂[M].孙启治,点校.北京:中华书局,2001.(P358)
② 何九盈.先秦诸子的语言理论[J].北京大学学报(哲学社会科学版),1982(5).
③ 孙诒让.墨子闲诂[M].孙启治,点校.北京:中华书局,2001.(P146)
④ 孙诒让.墨子闲诂[M].孙启治,点校.北京:中华书局,2001.(P387)
⑤ 孙诒让.墨子闲诂[M].孙启治,点校.北京:中华书局,2001.(P299)
⑥ 孙诒让.墨子闲诂[M].孙启治,点校.北京:中华书局,2001.(P472)
⑦ 孙诒让.墨子闲诂[M].孙启治,点校.北京:中华书局,2001.(P283)
⑧ 孙诒让.墨子闲诂[M].孙启治,点校.北京:中华书局,2001.(P208)

营,有道相教,有财相分也。"(《天志中》)①可见,"天意"实际上也是墨家的意志。"天志"在墨子手中,只是一种工具,他的尊天、明鬼是为百姓利益服务的。② 这里墨子借"天意"来代表国家及广大人民群众的利益,凡是符合国家及人民利益的言谈,就要积极提倡;凡是不符合国家及人民利益的言谈,就要坚决反对。这种言语交际的目的虽然带有浓厚的功利主义色彩,但也是为了改变当时"国之与国之相攻,家之与家之相篡,人之与人之相贼,君臣不惠忠,父子不慈孝,兄弟不和调"的社会状态而发出的,反映了墨子以"兴利除害""治世之乱"为己任的强烈社会责任感。这是一种"以民为本"的博大的人道主义思想,这种思想是他哲学思想中的核心概念,他的言语交际思想是围绕着这种"以民为本"的人道主义的功利目的而展开的。

那么,如何才能使言语交际活动符合"国家百姓人民之利"呢? 墨子认为在交际活动中,首先应该提高个人的道德修养。他说,谗害诽谤之言不入于耳,攻击他人之语不出于口,伤害人的念头不存于心,这样,即使遇有好诋毁、攻击的人,也无从施展了。他反对利用语言进行人身攻击,甚至毁谤他人。当程子指责墨子"毁儒"时,墨子指出他只是"告闻"某个事实,而非"毁儒"。他从不恶语攻击他人,虽然他反对儒家的思想学说,但绝不毁谤孔子,反而对孔子大加称赞。这不仅反映了他难能可贵的实事求是精神,更表现出他的道德修养。

墨子认为一个有道德修养的人要严于律己。当遇到别人的反对时,首先要反躬自省,审视自己是否有缺点:"见不修行,见毁,而反之身者也,此以怨省而行修矣。"(《修身》)③当告子指责墨子口称仁义行为却很恶劣时,弟子请墨子抛弃告子。墨子说:"不可。称我言以毁我行,愈于亡。有人于此,翟甚不仁,尊天、事鬼、爱人甚不仁,犹愈于亡也。今告子言甚强辩,告子毁,犹愈亡也。"(《公孟》)④墨子对于毁谤他的告子没有怨恨,认为即使毁谤他的行为也比对其学说没有任何评价强。

墨子认为交际语言应该是文雅的,他对说粗话、脏话的人十分反感。如子夏之徒曾说:"狗狶犹有斗,恶有士而无斗矣?"墨子对这种不雅之言痛斥说:"伤矣哉! 言则称于汤文,行则譬于狗狶,伤矣哉!"(《耕柱》)⑤

其次,看言语交际是否符合"国家人民之利",除了看交际内容外,还要看交际双方的行为表现。在"言"与"行"的关系上,墨子强调"行为本"。他说:"务言而缓行,虽辩必不听。"(《修身》)⑥他对那种"光说不做"的人毫不客气,如他批评告子说:"政者,口言之,身必行之。今子口言之,而身不行,是子之身乱也。子不能治子之身,恶能治国政? 子姑

---

① 孙诒让.墨子闲诂[M].孙启治,点校.北京:中华书局,2001.(P199)
② 李文君,彭又双.试论墨家思想及其当代意义[J].吉首大学学报,1998(3).
③ 孙诒让.墨子闲诂[M].孙启治,点校.北京:中华书局,2001.(P8)
④ 孙诒让.墨子闲诂[M].孙启治,点校.北京:中华书局,2001.(P464)
⑤ 孙诒让.墨子闲诂[M].孙启治,点校.北京:中华书局,2001.(P429)
⑥ 孙诒让.墨子闲诂[M].孙启治,点校.北京:中华书局,2001.(P10)

亡子之身乱之矣!"(《公孟》)①

墨子的"言行观"也表现在对其"兼相爱、交相利"的政治理想的贯彻上。在墨子看来,"兼爱""贵义"等都是切实可行的奋斗目标,而不是空洞的口号。墨子指出:"义,利;不义,害。志功为辩。"(《大取》)②爱人利人就是"义",害人损人就是"不义",看"义"与"不义"要结合其动机和效果。对于那些把"仁义"之道说得天花乱坠,但实际行为却大相径庭的人,墨子是鄙视的。他说:"今天下之士君子之书不可胜载,言语不可胜计,上说诸侯,下说列士,其于仁义则大相远也。"(《天志上》)③他认为"仁义"必须落实到行动上,具有实际的社会效果才是有意义的。对于口口声声非难"兼爱",实际生活中却选择"兼爱"的人,他斥之为"言行拂"或"言行费",即"言行不一"。"天下无愚夫愚妇,虽非兼之人,必寄托之于兼之有是也。此言而非兼,择即取兼,即此言行费也。"又说:"我以为当其于此也,天下无愚夫愚妇,虽非兼者,必从兼君是也。言而非兼,择即取兼,此言行拂也。"(《兼爱下》)④

墨子自己是个"身体力行""言行如一"者,他说:"嘿则思,言则诲,动则事。"(《贵义》)⑤他为了国家百姓的利益"独自苦而为义","量腹而食,度身而衣"(《鲁问》)⑥,奔走游说于天下。这种精神和行为感召着天下百姓。

"择务从事"与"言有三表",是墨家关于言语交际活动的重要准则,也是墨家"兼爱""贵义"思想在言语交际领域的重要表现。这些可贵的思想、原则对于今天的言语交际活动仍然有启迪意义,对于建设社会主义公正、合理、健康、规范的语言秩序,促进"和谐社会"的建立有着重要意义。

① 孙诒让.墨子闲诂[M].孙启治,点校.北京:中华书局,2001.(P465)
② 孙诒让.墨子闲诂[M].孙启治,点校.北京:中华书局,2001.(P407)
③ 孙诒让.墨子闲诂[M].孙启治,点校.北京:中华书局,2001.(P197)
④ 孙诒让.墨子闲诂[M].孙启治,点校.北京:中华书局,2001.(P118、120)
⑤ 孙诒让.墨子闲诂[M].孙启治,点校.北京:中华书局,2001.(P475)
⑥ 孙诒让.墨子闲诂[M].孙启治,点校.北京:中华书局,2001.(P442)

附录三:论《墨子》中的"利"观念

《墨子》中"利"是一个高频词,据学者统计,《墨子》中"利"共出现360多次,"利"不仅出现次数多,而且"利"观念在墨子思想中占有重要地位。秦明在《论墨子思想中的"利"》一文中认为:"墨子学说的出发点与归宿点都在于'利'……'利'是墨子思想的核心。"[1]墨子以"兴天下之利,除天下之害"为己任,把"利天下"视作一切言语和行动的纲领,也是是非善恶的道德标准,"利"观念贯穿墨子的基本主张。墨子的"利"主要指"民利",无论是"尚贤""尚同""非乐""非命",还是"兼爱""非攻""节葬""节丧",都是为了"中国家百姓人民之利",即提高民众的经济和物质利益、提供安定的政治环境。

一、墨子"利"观念的渊源

"利",《说文》:"利,铦也。从刀,和然后利,从和省。"[2]"利"本义为"锋利",作"利益"义应是假借。甲骨文中有"利",《简明汉语史》认为卜辞中的"利"是形容词,作"吉利"讲。[3]《甲骨文字典》认为"利"除了作人名、地名外,还有"吉利之义"。[4] 但杨逢彬认为:"'利'不具备'吉利''顺利'义……该字绝非形容词。"[5]杨逢彬根据甲骨文中"利"的句法位置认为"利"是动词,但没有指出"利"的具体含义。我们通过对《尚书》《周易》以及十部战国传世文献[6]的考察,发现先秦文献中的"利"主要为名词"利益"和动词"利于"之意(锋利义除外)。没有见到"吉利"之意义的"利"。语言的发展是渐进的,因此我们赞同杨逢彬的看法,结合具体语境,认为甲骨文的"利"很可能也是"利于"的意思。《尚书》中有"利",但是并不多见,主要是"利益""利于"之义。《尚书》中始见"货利"一词,如"惟王不迩声色,不殖货利"(《尚书·仲虺之诰》)。可见,这个时期"利"主要指经济利益、物质利益。又如《尚书·金縢》:"公将不利于孺子。"《周易》中"利"较常见,意义和词性和《尚书》中的"利"基本相同,如"乾始能以美利天下,不言所利,大矣哉!"(《周易·

---

[1] 秦明、闫巍:《论墨子思想中的"利"》,《理论月刊》,2008 第 2 期。
[2] (汉)许慎撰,(宋)徐铉校定:《说文解字》,中华书局,1963 年,第 91 页。
[3] 向熹:《简明汉语史(修订本)(上)》,商务印书馆,2010 年,第 367 页。
[4] 徐中舒主编:《甲骨文字典》,四川辞书出版社,2006 年,第 472 页。
[5] 杨逢彬:《殷墟甲骨刻辞词类研究》,花城出版社,2003 年,第 361 页。
[6] 本文考察的传世战国文献主要包括《左传》《论语》《墨子》《孟子》《荀子》《庄子》《韩非子》《战国策》《吕氏春秋》《楚辞》。

乾卦》)又如"不利涉大川"(《周易·讼卦》)。《墨子》中的"利"基本上继承了"利"在《尚书》《周易》中的意义,即主要为名词"物质利益"或动词"有利于"。如《墨子·经上》:"利,所得而喜也。"这里明确指出"利"指物质利益。《墨子·尚贤下》:"用其谋,行其道,上可而利天,中可而利鬼,下可而利人,是故推而上之。"这里"利"是"有利于"之义。

《周易》中多次提到"利天下",这可能对墨子产生一定的影响。《墨子》中也多次提到"利天下"或"兴天下之利"。如《墨子·非攻下》"此天下之利,而王公大人不知而用,则此可谓不知利天下之巨务矣"。又如《墨子·大取》:"杀一人以存天下,非杀一人以利天下也。"《周易》第一次对"义""利"关系进行阐述,如:"利者,义之和也。……利物足以和义。"(《周易·乾文言》)即利万物合于义的要求,这就把"利"提到了"义"的高度。《墨子·经上》也提出:"义,利也。"墨子虽然有汲取《周易》"义""利"思想的成分,但对"义""利"关系的阐述比《周易》要丰富、复杂得多。

墨子"利"观念的发展不仅继承了《周易》中有关"利"的思想,而且也在反对儒家的"义""利"观中逐渐完整丰富起来。秦明认为:"墨子学说的相对成功,究其原因,部分在于把'利'这个概念,从儒学中的边缘或反面处境提升到核心而且是正面的位置,并以此为中心,组合其它相应的哲学概念。"《论语》中"利益"之义的"利"仅出现7次,因为"子罕言利"(《论语·子罕》)。"利"在《论语》中不仅出现次数少,而且基本上是一个具有否定含义的概念。儒家把"利"放在了"义"的对立面:"君子喻于义,小人喻于利。"(《论语·里仁》)《墨子》中,"利"不仅出现次数多,同时被置于"义""功""善"的高度,是是非善恶的道德标准和行为准则。

《墨子》之前的先秦文献中,"利"基本上是一个单音词,大多单独出现,很少与其他词配合使用,"利"的含义也比较单纯。墨子在发展、形成其"利"观念的同时,也大大丰富了"利"的含义,"利"不再是一个普通经济词语,而是获得了一定的伦理学意义,对后世的思想和语言都产生了深远的影响。

二、墨子"利"观念的内涵

1."利"即是"用"

《墨子》中"利"与"用"并没有连用,但却有大量的关于"利"与"用"的论述。墨子认为"利"即是"用","用"即为"利","有利"即"有用","有用"即"有利"。反之,"无用"即"无利"。墨子生活在春秋战国社会大变革的时期,诸侯争霸,战争频繁,给社会生产力造成了很大破坏。墨子作为小生产者的代表,活动于下层百姓之间,深知民生疾苦,他所忧虑和关注的是"饥者不得食,寒者不得衣,乱者不得治"的状况,也极力想改变这种状况,"摩顶放踵利天下为之"。因此,从关注劳动人民物质利益的角度出发,墨子特别注重事物的"使用价值",即"有用性",而无暇顾及其"审美价值"。梁启超说:"墨子……以中用不中用为应不应做的标准,凡评论一种事业一种学问,都先问一句,'有什么用处?'……

这是墨学道德标准的根本义。"①例如对于衣服，"冬服绀緅之衣，轻且暖；夏服絺綌，轻且清，则止。诸加费不加民利者，圣王弗为"(《节用中》)。衣食住行，只要满足基本的生存需要就行了，其他任何的修饰都是"加费不加民利"，可见，无利的就是无用的。"当今之主……必厚作敛于百姓，暴夺民衣食之财，以为锦绣文采靡曼之衣……单财劳力，毕归之于无用也。"(《辞过》)无利的装饰不仅无用，而且属于"暴夺民衣食之财"。对于"无用之费"应该怎么办呢？"去无用之费，圣王之道，天下之大利也。"(节用上)去掉无用之费，就是天下之大利。对于没有用处、因而没有利的事情呢？自然不能去做。"凡费财劳力，不加利者，不为也。"(《辞过》)墨子不仅在衣食住行上强调"有用"即"有利"，在其他任何事情上都是如此。比如攻战不仅造成"春则废民耕稼树艺，秋则废民获敛。"而且导致"百姓饥寒冻馁而死者，不可胜数"(《非攻中》)。因此墨子斥攻战为"国家发政，夺民之用，废民之利"(《非攻中》)。这里"用""利"对举，明确指出攻战因"夺民用"，所以"废民利"，应该坚决反对。对于饰攻战者的话"我贪伐胜之名，及得之利，故为之"。墨子反驳道："计其所自胜，无所可用也。计其所得，凡不如所丧者之多。"(《非攻中》)即使对于攻战者自身，攻战所得也是无用的，因而无利的，所以也不应该去做。可见，墨子是典型的实用主义者。难怪胡适认为"墨子在哲学史上的重要，只在于他的应用主义，他处处把人生行为上的应用，作为一切是非善恶的标准"。② 墨子甚至认为做无用之事非但无利可言，而且是"祸患"，应该坚决避免。如墨子认为"七患"其中之一就是耗尽民力而做无用之事。"先尽民力无用之功，民力尽于无用，财宝虚于待客，三患也。"(《七患》)

　　2."利"即是"功"

　　墨子认为，"利"不仅是"用"，"利"更是"功"。因为有用的也必定是有功效的，有功效的自然就有"利"。"功"，较早是"工作、事情"的意思，如《诗经·豳风·七月》："我稼既同，尚入执宫功。"后来引申为功效、功劳、功勋等。《说文》云："功，以劳定国也，从力从工。"③先秦书籍中"功"大多是"功劳""功效"之意。墨子第一次把"功"与"利"并提，并从"利"的角度讨论"功"，以致墨子学说被后人称作"功利主义"的学说。

　　《墨子》中的"功"常常指"效用、功效"，墨子强调做事要看实效。当鲁君问墨子"孰以为太子而可"时，墨子答曰："吾愿主君之合其志功而观焉。"(《鲁问》)这里的"功"意为效果、功效。《鲁问》中讲了一个故事，"公输子削竹木以为鹊，成而飞之，三日不下，公输子自以为至巧"。墨子认为木鹊没有实际的"利益"或用处，不如工匠做车辖。并评论道"故所为巧，利于人谓之巧，不利于人谓之拙"。对于"故所为巧"，孙启治注释曰："'巧'，原误作'功'，据毕沅刻本改。"(《鲁问》)谭家健、孙中原的《〈墨子〉今译今注》这句话为："故所为，功利于人谓之巧，不利于人谓之拙。"④译文是"所以制作器物，其功效对人有利

---

① 蔡尚思主编：《十家论墨》，世纪出版集团，2008 年，第 9 页。
② 胡适：《中国哲学史大纲》，中国华侨出版社，2013 年，第 120 页。
③ (汉)许慎撰，(宋)徐铉校定：《说文解字》，中华书局，1963 年，第 292 页。
④ 谭家健、孙中原译注：《〈墨子〉今注今译》，商务印书馆，2012 年，第 405 页。

才能称为巧,对人没有利叫做笨拙"。孙以楷、甄长松译注的《墨子全译》这句话为:"故所为功,利于人谓之巧,不利于人谓之拙。"①翻译为"匠人所做的工,有利于人,就叫做巧妙;不利于人,就叫做拙劣"。这里暂不讨论标点断句,单说"故所为"之后的"功",《墨子闲诂》原为"功",孙启治据毕沅本改为"巧",其实不必改,应该依从原文。因为"巧"字于文意不合,这句话显然不是解释"巧"的,而是通过"巧""拙"的对比来讨论"功"或者"利"。我们赞同孙中原的译文,认为这里的"功"是"效用、功效"之意。实际上,上述两个译文区别并不大,都是讨论"功"与"利"的关系。这个例子中,墨子明确把"功""利"并提,并把有没有"功效"或"功"看作是"利"不"利"的标准。

"功效"很大的便是功劳、功业了。如"故虽有贤臣,不爱无功之臣;虽有慈父,不爱无益之子"(《亲士》)。这句话中"功"指"功劳","功"与"益"对举,"功"即是"益","益"即是"利"。墨子认为只要能给民众带来利益的事情就是"功"。如当吴虑对子墨子说:"义耳义耳,焉用言之哉?"墨子回答:"王公大人用吾言,国必治;匹夫徒步之士用吾言,行必修。故翟以为虽不耕而食饥,不织而衣寒,功贤于耕而食之、织而衣之者也。故翟以为虽不耕织乎,而功贤于耕织也。"(《鲁问》)墨子认为不辞辛苦地说"义"比耕织带来的利益更多,能够使"国治而行修",因而功劳更大。

后期墨家进一步发挥了墨子"利"即为"功"的思想,认为:"功,利民也。"(《经上》)《经说上》解释说:"功不待时,若衣裘。"这就是说,凡是利民的行为就是有功的行为,对人民做有利的事情像做衣服一样,不能等到不得已时再做。所以墨子的"功"指的是增加"民利"的行为,而不是追求个人私利,只有满足多数人利益的才能称为"功利"。这一点与后来道家和法家所提到的"功利"大相径庭。正如张岱年所说:"墨子所谓利,乃指公利而非私利,不是一个人的利,而是最大多数人的利。儒家说利,则常指私利,而常认为私与利不可分。故儒家与墨家,虽一反利一重利,而其所谓利,实非全然一事。"②这话非常有道理,不仅儒家的"利"指私利,道家和法家的"利"也是如此。

3. "利"即是"义"

墨子不仅谈"利"最多,而且也是较早谈"义"的。庞朴认为郭店楚简中"义"的多种写法"反映彼时彼地人们对于义之含义的理解正处于新旧纷陈的过渡时期之中,尚无一定准绳。……义被当做德性来标榜,是孔子以后的事。孔子自己很少谈义,谈义谈的多的,是墨子"。③《周易》中虽然提到"利者义之和",但没有详细阐述"义"与"利"的关系。《论语》中"义""利"关系谈的也较少。而在《墨子》中,"义"和"利"都是高频词,在墨家十论中频繁出现,贯通始终。《墨子》中有多处讨论到"义"和"利"的关系。如《经上》:"义,利也。"对于这个训释应该如何理解呢?《经说上》的解释是:"义,志以天下为芬,而

---

①　孙以楷、甄长松译注:《墨子全译》,巴蜀书社,2000年,第444页。

②　张岱年:《中国哲学大纲》,商务印书馆,2015年,第574页。

③　庞朴:《郢燕书说——郭店楚简中山三器心旁文字试说》,载武汉大学中国文化研究院编,湖北人民出版社,《郭店楚简国际学术研讨会论文集》,2000年,第41页。

能能利之,不必用。"孙诒让认为"芬"疑当为"爱"的篆文之误,"能能利之"言能善利之也。谭家健、孙中原引王闿之、高亨认为"分,职分",并解释"志以天下为芬"为"心志以利天下为职分"。 按照孙诒让的说法,义就是志以天下为爱,这就是说,义就是爱利天下。按照谭家健、孙中原的看法,义就是以利天下为职分。其实这两种说法实质是一样的,即"义"就是利天下。

《墨子·天志下》中也有一处直接训释"义"。如"义者,正也。何以知义之为正也?天下有义则治,无义则乱,我以此知义之为正也。然而正者,无自下正上者,必自上正下"。这里明确指出"义"是自上而下的道德规范、是非善恶的标准,所以"万事莫贵于义"(《贵义》)。墨子所说的自上而下,当是"天之为政于天子者也"(《天志上》)。"然则义果自天出矣。"(《天志中》)那么这个"自天出"的道德标准是什么呢?"今天下之士君子之欲为义者,则不可不顺天之意。曰:顺天之意何若?曰:兼爱天下之人。"(《天志下》)但"兼爱"不是目的,"兼爱"是为了交利,"若事上利天,中利鬼,下利人,三利而无所不利,是谓天德"(《天志下》)。因此,"义"即为"爱利天下"。正如墨子在《耕柱》中所说:"所为贵良宝也,可以利民也,而义可以利人,故曰:义,天下之良宝也。"

由上可知,墨子对"义"的理解始终贯一,即"义"即"利天下"。值得注意的是,墨子的"利天下""利人"中"天下"或者"人"主要指"民"或"万民",因为"王公大人士君子"是既得利益阶层,墨子正是为"百姓""民众"争取利益才提出"兼爱""非攻"等学说。如"义人在上,天下必治,上帝山川鬼神必有幹主,万民被其大利"(《非命上》)。墨家用"利万民"或者"义"作为衡量一切现象是非善恶的标准。如对于奢华的居处、美食、华服、音乐,"虽身知其安也,口知其甘也,目知其美也,耳知其乐也,然上考之不中圣王之事,下度之不中万民之利,是故子墨子曰:为乐非也。"(《非乐上》)。在当时的生产力水平下,音乐只是少数贵族的特权,因为不合"万民之利",所以墨子坚决反对。

"义"或者"利万民"不仅是墨家认为的道德标准,也是一切行为的准则。"仁之事者,必务求兴天下之利,除天下之害,将以为法乎天下。利人乎,即为;不利人乎,即止。"(《非乐上》)"义"或者"利万民"不仅是语言和行动的纲领,也是修身、治人、任官以及一切事业的准则。如"夫一道术学业仁义也,皆大以治人,小以任官,远施周徧,近以修身,不义不处,非理不行,务兴天下之利,曲直周旋,利则止"(《非儒下》)。

4."利"即是"善"

墨子认为"利"就是"善",包含两层意思。第一,"利"本身就是"善"的标准,有利即为善,无利即为不善。"今天下之所誉善者,其说将何哉?……虽使下愚之人,必曰:将为其上中天之利,而中中鬼之利,而下中人之利,故誉之。"(《非攻下》)什么是人们所赞誉的"善"呢?墨子认为"上中天之利,中中鬼之利,下中人之利"可誉之为善。"若事上利天,中利鬼,下利人,三利而无所不利,是谓天德。故凡从事此者,圣知也,仁义也,忠惠

---

① 谭家健、孙中原译注:《〈墨子〉今注今译》,商务印书馆,2012 年,第 232 页。

也,慈孝也,是故聚敛天下之善名而加之。"(《天志下》)墨子把"三利"视为"天德",其中,最重要的是利人,利万民,只要能够利万民,就把天下的"善名"都加之,就是天下最大的"善"。梁启超说:"墨子讲求道德和实利不能相离,利不利就是善不善的标准。"①"然,乃若兼则善矣,虽然,天下之难物于故也。"(《兼爱中》)"兼"就是"善",但是兼爱不是目的,兼相爱是为了"交相利",《墨子》中总是"爱利"并举。宿光平认为:"墨子把对人有利作为善的内容和标准,与马克思主义的价值理论有相通之处。……善的本质是:它最终必须与人的要求、利益相联系,是外部现实性满足人们需要和利益的属性,反之则为恶。"②

第二,"利"对"善"的积极作用,即增加民利可以促使民"善"。墨子多次提到人民的物质利益和经济生活水平对其道德品质的影响。"时年岁善,则民仁且良;时年岁凶,则民吝且恶。"(《七患》)为什么年成凶,民就"吝且恶"呢? 墨子在《节葬下》进一步指出"是以僻淫邪行之民,出则无衣也,入则无食也,内续奚吾,并为淫暴,而不可胜禁也"(《节葬下》)。这个思想后来被孟子发展为"若民,则无恒产因无恒心。苟无恒心,放辟邪侈,无不为己"(《孟子·梁惠王上》)。人民物质利益的极度匮乏不仅会导致民"吝且恶",也是国家乱的重要原因。"人君为舟车若此,故左右象之,是以民饥寒并至,故为奸邪。奸邪多则刑罚深,刑罚深则国乱。"(《辞过》)墨子所忧虑的"饥者不得食,寒者不得衣,乱者不得治"的社会状况处处都与民众的物质利益息息相关,正是这个意义上,墨子才大声疾呼"兴天下之利,除天下之害"。墨子"利"即为"善"的思想对后世也产生影响。如董仲舒说:"天道积聚众精以为光,圣人积聚众善以为功。……故圣人之为天下兴利也,其犹春气之生草也,各因其生小大而量其多少。"③这是说"兴天下之利"就是"积聚众善",也是最大的"功"。

5. "利"与"功""用""义""善"的关系

《墨子》中,"利"与"功""用""义""善"是相通的,是一致的。"利"即为"用",即为"功",是从物质的层面谈"利"。"利"就是"义",就是"善",是从道德的层面谈"利"。而物质利益和道德规范在墨子那里又是统一的。"墨子把道德要求、伦理规范放在与物质生活的直接联系中,也就是把它们建筑在现实生活的功利基础之上。"④《墨子》中,物质利益与道德规范的统一表现在两个方面。

首先,"利"与"义""善"的统一。

《说文解字》:"義,己之威仪也,从我羊。"徐铉曰:"此与善同意,故从羊。"⑤段玉裁《说文解字注》:"义,各本作仪。古者威仪字作义,今仁义字用之。……义之本训谓礼容

① 蔡尚思主编:《十家论墨》,世纪出版集团,2008 年,8 页。
② 宿光平:《墨家功利主义及其历史命运》,《甘肃教育学院学报(社会科学版)》,2002 年第 2 期。
③ (汉)董仲舒:《春秋繁露》,上海古籍出版社,1989 年,40 页。
④ 李泽厚:《中国古代思想史论》生活·读书·新知三联书店,2008 年,第 56～57 页。
⑤ (汉)许慎撰,(宋)徐铉校定:《说文解字》,中华书局,1963 年,第 267 页。

各得其宜,礼容得宜则善矣。"①这说明"义"原写作"仪""宜",而"义"就是"宜",就是"善"的意思。《尔雅集解》也说:"仪、义、宜,善也。"②《墨子》中,"义"与"善"的概念是同一的,正义本身即是"善"。"义者,善政也。何以知义之为善政也? 曰:天下有义则治,无义则乱,是以知义之为善政也。"(《天志中》)《墨子》中"义""利""善"总是相提并论、如影随形。例如墨子在《尚同》中指出选择天子、正长等的目的是"尚同天下之义",而尚同"义"的方法是"闻善而不善,必以告其上。上之所是必皆是之,所非必皆非之"(《尚同上》)。那么具体来讲,什么事情是"善",什么是"不善"呢?"下"必须告"上"什么事情呢?《墨子·尚同下》从"家"到"国"到"天下",不厌其烦地反复申明自下而上"告"的事情,也就是自上而下所"是"的"义"或者"善"就是"爱利",从"爱利家"到"爱利国"再到"爱利天下"。如:"天子亦为发宪布令于天下之众,曰:'若见爱利天下者必以告,若见恶贼天下者亦以告。若见爱利天下以告者,亦犹爱利天下者也,上得而赏之,众闻而誉之;若见恶贼天下不以告者,亦犹恶贼天下者也,上得且罚之,众闻则非之。'是以偏天下之人,皆欲得其长上之赏誉,避其毁罚,是以见善、不善者告之。"(《尚同下》)这里"爱利天下"与"善"对应,"恶贼天下"与"不善"对应,就是"下"告"上"的内容,也是"上"赏"下"的根据。可见"一同天下之义"的"义"就是"爱利天下",就是"善",也就是《墨子》中赞誉赏罚的是非标准。

其次,"功""用"与"义""善"的统一。

在《墨子》中,"功""用"基本上是物质层面的概念,"义""善"是道德层面的概念。而"功""用"与"义""善"又是统一的,经常相提并论。如子墨子曰:"仁义钧,行说人者,其功善亦多,何故不行说人也?"(《公孟》)这里"功善"连用,"功"即是"善","善"即是"功"。因为只有对万民有利的事情才能叫作"功",而提高大多数人的利益和幸福无疑是"善"的本质内涵。又如墨子与非兼者的一段对话。"然而天下之士非兼者之言,犹未止也。曰:即善矣。虽然,岂可用哉? 子墨子曰:用而不可,虽我亦将非之。且焉有善而不可用者?"(《兼爱下》)这是说有"用"的便是"善"的,"善"的就是有"用"的,因而是能应用的。墨子认为,"善"本身就包含着物质上的满足和行为上的应用,离开物质和实践而空谈"善"是没有意义的。因此墨子坚信凡是善的就一定可行,可用。

三、墨子"利"观念的影响

墨子对于"利"的论述,大大丰富了"利"的内涵,对后世思想和语言的发展也有重要的影响。

首先,墨子"利天下""利万民"思想对后期儒家如荀子产生一定的影响。荀子曾批评墨子:"不知壹天下建国家之权称,上功用,大俭约,而僈差等。"(《荀子·非十二子》)

---

① (汉)许慎撰,(清)段玉裁注:《说文解字注》,上海古籍出版社,1981 年,第 633 页。
② (清)王闿之撰,黄巽斋点校:《尔雅集解》,岳麓书社,2010 年,第 10 页。

但《荀子》中的"利"也是高频词,据学者统计,出现200多次。可见,荀子也是比较重视人民物质利益的。同墨子一样,荀子也强调"利"对"畜民""生民"的重要性。如《荀子·富国》:"量地而立国,计利而畜民,度人力而授事,使民必胜事,事必出利,利足以生民。"荀子提出了"兼利天下"的思想,与墨子的"兼爱""利天下"思想十分相似。如《荀子·王制》:"故序四时,裁万物,兼利天下,无它故焉,得之分义也。"《荀子·王霸》:"汤武者,兴其道,行其义,兴天下同利,除天下同害,天下归之。"这里,荀子提出要"兴天下同利,除天下同害"。而这可能直接受墨子"兴天下之利,除天下之害"思想的影响。

其次,墨子的"功利主义"或"功用主义"思想对后世影响至深至远。虽然墨子第一次把"利"看作是"功",但"功""利"连用较少,基本上都是单独出现。到了战国中后期,《庄子》《荀子》《韩非子》等书中才把"功""利"连用,并且出现否定的含义。我们粗略地统计了传世战国文献中"功利"一词的出现频率,《庄子》中出现1次,《荀子》4次,《韩非子》1次。其他战国文献未见。如"絜国以呼功利,不务张其义,齐其信,唯利之求"(《荀子·王霸》)。"民知诛罚之皆起于身也,故疾功利于业,而不受赐于君。"(《韩非子·难三》)我们发现,除了《韩非子》中的这一例外,其它5例"功利"均出现在否定含义的语境中,如"功利"常与"机巧""诈谋"并举而与"义""事业"相对。《庄子》《荀子》中,"利"主要指个人私利,所以对其都持反对态度。韩非子虽然也受墨子"功利主义"思想影响,但与墨子为多数人谋利益的"功利"不同,韩非子的"利"是绝对的"自私自利"。《墨子》之前,"功"与"用"也很少连用,受墨子影响,《荀子》《韩非子》中始见"功用"一词。《荀子》中共有4例"功用",全都是出现在否定的语境中。可见,荀子持儒家观点,对崇尚"功用"不齿。而韩非子则明确把追求个人追求"功用"当作学说的基础。如《韩非子·问辩》"夫言行者,以功用为之的彀者也"。又如"利用"一词,始见于《尚书·大禹谟》:"正德、利用、厚生惟和,九功惟叙,九叙惟歌。"但《尚书》并没有对其含义具体论述,《墨子》中大量有关"利"与"用"的论述,对"利用"一词在后世广泛使用产生一定的影响。

总之,墨子对"利"观念的阐述,尤其对"功"与"利"、"用"与"利"等的论述,不仅丰富了我国古代伦理学思想,而且丰富了与"利"有关的词语,对汉语词汇的发展也产生了深远的影响。

参考文献

[1]毕沅,吴旭民.墨子[M].上海:上海古籍出版社,2014.

[2]白兆麟.《盐铁论》句法研究[M].北京:商务印书馆,2003.

[3]白兆麟,时兵.《盐铁论》按断复句研究[J].古汉语研究,2004(2).

[4]白兆麟.《国语》与《左传》之假设句比较[J].淮北煤师院学报(哲学社会科学版),
    2000(1).

[5]白兆麟.《老子》复句辨析[J].南京师范大学文学院学报,2008(4).

[6]白兆麟.《盐铁论》标点正误[J].古汉语研究,2006(2).

[7]陈琦.《吴越春秋》复句研究[D].西北师范大学,2013.

[8]陈顺成.《孟子》复句研究[D].西北师范大学,2007.

[9]蔡尚思.十家论墨[M].上海:上海人民出版社,2008.

[10]岑仲勉.墨子城守各篇简注[M].北京:中华书局,2018.

[11]杜威.《墨子》并列式复合词研究[D].河北师范大学硕士学位论文,2005.

[12]方授楚.墨学源流[M].上海:上海书店出版社,1989.

[13]高亨.墨经校注[M].北京:科学出版社,1958.

[14]胡裕树.现代汉语[M].上海:上海教育出版社,2011.

[15]胡适.中国哲学史大纲[M].北京:中国华侨出版社,2014.

[16]胡培安,王岩.转折句的逻辑语义关系[J].黄河科技大学学报,2000(3).

[17]何越鸿.《文心雕龙》因果类复句:亟待开拓的语言学领域[J].湖北师范学院学报
    (哲学社会科学版),2013(3).

[18]吕叔湘.吕叔湘文集(第1卷)[M].北京:商务印书馆,1990.

[19]赖江.《晏子春秋》复句研究[D].华东师范大学,2005.

[20]刘永耕.先秦目的复句初探[J].新疆大学学报(哲学社会科学版),1995(3).

[21]刘芊.中古汉语有标转折复句研究[D].苏州大学,2014.

[22]刘萌.中古汉语因果复句研究[D].苏州大学,2014.

[23]连佳.中古汉语假设复句关联词研究[D].山东大学,2006.

[24]李军,王永娜.也谈转折复句的内部分类[J].暨南大学华文学院学报,2004(2).

[25]李楠楠.《红楼梦》因果类复句研究[D].华中师范大学,2011.

[26]李佐丰.古代汉语语法学[M].北京:商务印书馆,2004.

[27]李富林.反问式设问[J].修辞学习,1997(3).

[28]梁启超.中国近三百年学术史[M].上海:上海古籍出版社,2014.

[29]路飞飞.《孟子》假设复句初探[J].中北大学学报(社科版),2005(1).

[30]黎平.《论衡》假设复句的假设关系[J].贵州大学学报,2003(3).

[31]彭利瑞.《墨子》四种句式研究[D].西北师范大学,2010.

[32]秦彦士.墨子考论[M].成都:巴蜀书社,2002.

[33]齐正喜.谈谈句型—兼论设问句和反问句[J].北京政法职业学院学报,1994(5).

[34]苏振华.《国语》因果类复句研究[D].桂林:广西师范大学,2007.

[35]孙卓彩.《墨子》词汇研究,中国社会科学出版社,2008.

[36]孙诒让,孙启治点校.墨子闲诂[M].北京:中华书局,2001.

[37]孙以楷.墨子全译[M].成都:巴蜀书社,2000.

[38]邵敬敏.建议以语义特征为标志的汉语复句教学新系统刍议[J].世界汉语教学,
   2007(4).

[39]谭家健,孙中原.《墨子》今注今译[M].北京:商务印书馆,2012.

[40]谭戒甫.墨辩发微[M].武汉:武汉大学出版社,2006.

[41]魏海艳.今文《尚书》复句研究[D].扬州大学,2010.

[42]吴毓江撰,孙启治点校.墨子校注[M].北京:中华书局1993.

[43]王娜.《国语》假设关系复句研究[D].中山大学,2009.

[44]万小丽.《论语》中按断复句形成的内在规律[J].大庆师范学院学报,2009(1).

[45]王焕镳.墨子校释[M].杭州:浙江古籍出版社,1987.

[46]王焕镳.墨子校释商兑[M].北京:中国社会科学出版社,1986.

[47]王力.中国现代语法[M].北京:商务印书馆,1985.

[48]王力.汉语语法史[M].北京:商务印书馆,2003.

[49]王力.古代汉语(第二册)[M].北京:中华书局,1999.

[50]王忠玲.转折复句语义分类的新尝试[J].华中师范大学学报(人文社会科学版),
   2001(5).

[51]王瑛.《墨子·公输》的一处校勘问题[J].古汉语研究,1995(2).

[52]徐希燕.墨子姓名里籍年代考[J].复旦学报(社会科学版),1999(1).

[53]徐华.今本《墨子》前七篇新考[J].古籍整理研究学刊,2009(2).

[54]徐翠兰等.《墨子》(译注)[M].太原:山西古籍出版社,2003.

[55]许剑飞.《墨子闲诂》失误考辩[D].湘潭大学,2007.

[56]辛志凤等.墨子译注[M].哈尔滨:黑龙江人民出版社,2003.

[57]刑福义.汉语复句研究[M].北京:商务印书馆,2003.

[58]刑福义.汉语复句与单句的对立和纠结[J].世界汉语教学,1993(1).

[59]于峻嵘.《荀子》对比复句研究[J].河北科技大学学报(社会科学版),2009(3).

[60]于峻嵘.《荀子》单重按断复句研究[J].语文研究,2005(2).

［61］杨伯峻.古汉语虚词［M］.北京：中华书局,1981.

［62］杨伯峻、何乐士.古汉语语法及其发展［M］.语文出版社,2001.

［63］杨树达.词诠［M］.上海：上海古籍出版社,2007.

［64］闫晶淼,李莉莉.《颜氏家训》中的联合复句研究［J］.宜宾学院学报,2010(4).

［65］郑振峰,于峻嵘.古代汉语语法论析［M］.成都：巴蜀书社,2012.

［66］周才珠、齐瑞瑞.墨子全译［M］.贵阳：贵州人民出版社,1995.

［67］张学君.《墨子》前七篇作者考［J］.吉林师范大学学报(人文社会科学版),2011(2).

［68］张岱年.中国哲学大纲［M］.北京：商务印书馆,2015.

［69］张玉金.古代汉语语法学［M］.广州：广东高等教育出版社,2010.

［70］赵克勤.古代汉语词汇学［M］.北京：商务印书馆,1994.

［71］张纯一.墨子集解［M］.成都：成都古籍书店,1988.

［72］朱德熙.语法讲义［M］.北京：商务印书馆,1982.

［73］张玉.《墨子》述宾结构语义关系研究［D］.济南：山东师范大学,2014.

［74］赵恩芳,唐雪凝.现代汉语复句研究［M］.济南：山东教育出版社,1998.

［75］中国社会科学院语言研究室.古代汉语虚词词典［M］.北京：商务印书馆,1999.

后 记

2003 年，我在华南师范大学学习期间，有幸师从著名学者张玉金教授。张老师广博的知识、深厚的学术素养、严谨的治学精神给我留下了深刻的印象。老师教会了我做学问要踏踏实实，要一点一滴地积累。毕业后，在我找不到治学的方向而迷茫时，导师鼓励我可从专书研究做起，专书研究是汉语史研究的基础。感谢张老师在校期间以及我离校之后的指导和帮助，张老师渊博的知识、谦虚的品格、认真踏实的工作作风使我终身受益！

2014 年我开始整理、研究《墨子》的复句，并发表了一些关于《墨子》复句和疑问句的文章。《墨子》是先秦一部重要作品，集中反映了先秦墨家学派及其创始人墨子的思想学说，墨子思想对后代影响至深至远。研究《墨子》句法，不仅对于了解汉语发展史、探索汉语言发展规律有重要价值，同时对于继承古代优秀的文化遗产也有重大意义。

2017 年 7 月，我申报的教育部人文社会科学研究一般项目"《墨子》句法研究"获准立项（批准号：17YJA740029）。本书是该项目的最终成果。在立项之前，对《墨子》句法的研究是零碎的，不成系统的，立项之后开始了全面、系统地研究工作。在对《墨子》复句进行系统研究时，既分析了其语法特征，也分析了其语义特征和语用价值，并注意吸收学术界对复句研究的新观点与新方法，尤其是学者们对现代汉语复句研究的成果。在研究句法时，同时也发现了《墨子闲诂》的许多标点失误，并撰写论文单独讨论。

在申报 2017 年度教育部人文社科项目时，我得到了平顶山学院新闻与传播学院王冰博士的指导和帮助。此书的撰写，得到了平顶山学院文学院院长何梅琴教授、新闻与传播学院院长秦方奇教授的鼎力帮助。平顶山学院伏牛山文化圈研究中心主任陈建裕教授对于本书的出版给予了极大的支持和帮助。此书的出版，还得到了郑州大学出版社编辑孙理达先生的关怀和帮助。在此，向各位领导、专家、学者表示诚挚的谢意！

我的研究是在前人和时贤所作研究的基础上进行的，对于这些研究成果，我一般都在参考文献中列出了，没有这些研究成果，我不可能完成本书。在此一并深致谢忱！

虽然本书已经多次修改校对，但是由于水平和能力有限，疏漏谬误在所难免，恳请各位专家学者批评指正。

刘春萍

2020 年 2 月 3 日